브라질 지역의 사회언어학적 역동성

브라질 포르투갈어 유래와 의미

어휘 · 표현 · 지명의

김한철 지음

이 저서는 2016년 대한민국 교육부와 한국연구재단의 지원을 받아 수행된 연구임
(NRF-2016S1A5B5A07919289)

차례

서론

01

브라질 포르투갈어는 인디오, 흑인, 유럽 및 아시아 이민자들의 언어, 사회, 문화적인 요소들을 흡수 통합하여 그 영향이 고스란히 어휘에 드러나고 있다. 브라질 지역의 언어는 사회가 형성되고 발전해 나감과 동시에 포르투갈의 영향에서 조금씩 벗어나 브라질식으로 변화하게 되었다. 2005년 5월 포르투갈에서 자국의 표기법을 버리고 브라질식의 표기를 공식적으로 따르기로 한 일은 포르투갈어의 표준어로 브라질식 표기를 인정하게 된 계기로 작용하기도 하였다.

거대한 인구와 영토를 가진 브라질은 포르투갈어의 어휘적 측면에서 다양한 유래와 형성과정을 겪었으며 지속적으로 변해가고 있다. 언어적 다양성이란 한정된 언어적, 비언어적 상황과 문맥에서 다양한 규칙에 의하여 형성된다. 또한 사회현상과 언어현상의 변이는 동시에 발생된다. 사실 언어에 미치는 사회적 영향 혹은 사회에 미치는 언어적 영향처럼 어느 한 쪽이 다른 쪽에 일방적으로 영향을 미칠 수도 있다. 우리는 일반적으로 사회집단의 생활이나 가치, 그리고 사회적 환경이 언어에, 특히 어휘 형성에 영향을 미치는 경우를 접할 수 있다.

이처럼 언어는 역사적, 지리적으로 다양한 사회에 살고 있는 개인들의 표현을 통하여 그들의 모든 면에서 나타나는 다양한 의사소통의 도구로서 인식된다. 이러한 의미에서 언어란 단일한 언어 시스템이 아니라 집합적인 언어 시스템으로, 여러 시스템과 그 하위 시스템이 상호작용하는 다양성을 갖는다. 다양한 시스템으로서 언어의 개념을 규정짓다 보면 그 언어 사회에서 행해지는 역사적, 지역적, 사회적 요소들의 상관관계를 볼 수 있다. 각 국가 혹은 사회 그룹 안에 존재하는 언어 형태는 그 구성원들의 언어적 능력이 결합된 것으로 역사적으로 한 집단이 영향을 받게 되면 언어적인 측면에도 영향을 미치게 된다. 이러한 배경 하에서 생각해 본다면, 브라질 지역은 사회언어학적으로 매우 역동성을 지닌 국가임에 틀림없다.

브라질은 언어거부를 통한 탈식민주의 저항전략을 쓰지 않았다. 새로운 것을 받아들일 때는 원래 존재하는 것을 유지한 채 새로운 것을 계속 수용하는 계층화(estratificação) 전략을 택했다. 주지하다시피 일부 인디오 거주지를 제외하면 전 국민이 포르투갈어를 사용하는 국가이다. 그만큼 새로운 언어들이 조화롭게 잘 수용되어 있다.

하지만 한편으로는 기존의 유럽 포르투갈어에서 탈피하고 지속적으로 변화해 나가는 경향을 보이고 있다. 발음, 문법, 어휘 모든 측면에서 유럽 포르투갈어와는 달라진 브라질 포르투갈어를 관찰할 수 있다. 이제 전 세계 포르투갈어 교육은 브라질식으로 재편되면서, 포르투갈어의 중심지는 브라질이 되었다고 해도 과언이 아니다. 그렇기에 역동적으로 움직이고 있는 브라질 포르투갈어의 형성과 변화과정을 관찰하는 일은 언어적으로, 또 지역적으로도 충분히 가치 있는 일이다.

'브라질 포르투갈어'라는 표기 자체가 원래의 유럽 포르투갈어에서 변화했다는 반증이다. 결국 유럽 포르투갈어에서 변화해 온 브라질 포르투갈어의 특징적 형태는 언어적, 지역적 측면에서 많은 가치를 창출할 수 있는 부분이다. 이는 곧 브라질 포르투갈어의 역사적 변이와 지역별 변이가 나타나는 부분을 고찰해 봄으로써 학문적으로 이용 가능한 부분들을 지속적으로 찾아내고 확인할 수 있다.

본서는 브라질 포르투갈어를 크게 네 가지 분야로 구분하여 의미를 관찰하였다. 첫째, 각기 다른 국가들, 예를 들어 그리스어, 바스크어, 켈트어, 게르만어, 아랍어, 인디오어, 아프리카어, 스페인어, 이탈리아어, 프랑스어, 독일어, 영어, 중국어, 일본어, 한국어 등의 언어로부터 그 유래를 찾아볼 수 있는 일반 어휘를 조사하여 그 형성과정과 변이과정에 대하여 알아보았다. 둘째, 브라질의 지역적 요인과 상황이 반영되어 있는 대중 표현을 조사하여 그러한 표현이 사용되게 된 역사적 배경과 시대상, 그 의미의 변화과정에 대하여 살펴보았다. 셋째, 브라질 문화에서 빼놓을 수 없는 축구와 관련된 표현의 의미를 관찰하였다. 마지막으로 브라질에서 사용되고 있는 지명에 영향을 준 언어와 그 역사적인 배경에 대하여 고찰하였다.

먼저, 브라질 포르투갈어의 일반적인 어휘 형성에 기여한 다양한 유래를 살펴보면, 그리스어, 바스크어, 켈트어, 게르만어, 아랍어, 인디오어, 아프리카어, 스페인어, 이탈리아어, 프랑스어, 독일어, 영어, 중국어, 일본어, 말레이어, 러시아어, 스웨덴어, 핀란드어, 네덜란드어, 이집트어, 이란어, 게일어, 페르시아어, 산스크리트어, 히브리어, 한국어 등 무수하게 많은 언어의 영향을 받았음을 알 수 있다. 주요한 어휘들의 유래와 그 특징은 다음과 같다.

1. 그리스어

포르투갈어는 그리스어에서 현저한 영향을 받은 어휘가 많다. 왜냐하면 포르투갈어에 초석을 제공한 많은 라틴 용어들이 그리스어에서 파생되었기 때문이다. 주요한 어휘는 다음과 같다.

⊠ 01 **baile**

> **유래** ballun(춤추다)에서 라틴어 ballare 형태를 거쳐 포르투갈어 baile 로 변화

> **의미** 춤

⊠ 02 **metrópole**

> **유래** métra(근원)와 pólis(도시)가 결합된 metrópolis로부터 유래

> **의미** 주요 대도시

⊠ 03 **batismo**

> **유래** baptismós(담금, 침례)에서 라틴어 baptismos 형태를 거쳐 포르 투갈어 batismo로 변화

> **의미** 세례

⊠ 04 **bíblia**

> **유래** bíblos(책, 파피루스, 종이)의 축소형 biblion(작은 책)에서 라틴어 biblia 형태를 거쳐 포르투갈어 bíblia로 변화

☒ 05 **cemitério**

유래 koimétêrion(묘지, 자는 곳)에서 라틴어 coemeterium 형태를 거쳐 포르투갈어 cemitério로 변화

의미 묘지

그 밖에, filósofo(철학자), apóstolo(사도), paróquia(교구), homeopatia(동종요법), telepatia(텔레파시), microscópio(현미경), fotossíntese(광합성), democracia(민주주의), academia(헬쓰클럽), bolsa(핸드백), étimo(훌륭한) 등도 그리스어로부터 유래된 포르투갈어 어휘들이다.

2. 바스크어

로마인들이 이베리아 반도에 왔을 때 바스크족이 땅의 일부를 차지하고 있었기에 영향을 받게 되었다. 주요한 어휘는 다음과 같다.

⊠ 06 **gorro**

> **유래** gorri(빨간색)에서 유래, 바스크인의 베레모가 전통적으로 빨간색이었고 그런 연유로 현재 비니와 같은 모자의 의미가 되었을 것으로 추측

> **의미** 비니 모자

⊠ 07 **bacalhau**

> **유래** bakaillao라는 생선을 일컫는 명칭에서 유래

> **의미** 대구

⊠ 08 **esquerdo**

> **유래** ezker에서 로망스어 계통의 어떤 언어를 거쳐 포르투갈어 esquerdo로 변화했을 것으로 추측

> **의미** 왼쪽

3. 켈트어

로마인들이 이베리아 반도에 왔을 때 바스크족처럼 켈트족도 있었기 때문에 영향을
받게 되었다. 주요한 어휘는 다음과 같다.

☒ 09 **brio**

> **유래** brigos(힘과 용기)에서 유래하여 프로방스어 briu와 스페인어 brio
> 형태를 거쳐 포르투갈어 brio로 정착

> **의미** **명예, 혈기**

☒ 10 **carpinteiro**

> **유래** 켈트어에서 유래하여 라틴어 carpentarius(나무로 된 자동차
> carpentum 을 만들던 사람) 형태를 거쳐 포르투갈어 carpinteiro
> 로 변화

> **의미** **목수**

☒ 11 **caminho**

> **유래** 켈트어에서 유래하여 라틴어 camminus 형태를 거쳐 포르투갈어
> caminho로 변화

> **의미** **길**

4. 게르만어

게르만 침입자들은 5세기 초에 이베리아반도에 와서 특히 전쟁과 관련된 용어를 남겼다. 주요한 어휘는 다음과 같다.

☒ 12 **bando**

> **유래** bandwa에서 유래하여 라틴어 bandum과 bandwa 형태를 거쳐 포르투갈어 bando로 변화
>
> **의미** 그룹

☒ 13 **guerra**

> **유래** werra(반란)에서 유래하여 라틴어 guerra 형태를 거쳐 포르투갈어 guerra로 정착
>
> **의미** 전쟁

☒ 14 **espeto**

> **유래** 같은 의미의 spitus에서 유래
>
> **의미** 꼬챙이

☒ 15 **faísca**

> **유래** falaviska(뜨거운 재)가 라틴어 fauisca와 합쳐져 불꽃이라는 의미의 fauisca가 되고, 포르투갈어 faísca로 변화
>
> **의미** 불꽃

그 외에, esgrima(펜싱), bandeira(국기), agasalho(코트, 스웨터), rico(부유한), norte(북쪽) 등도 게르만어에서 유래하였다.

5. 아랍어

711년 이베리아반도에서 아랍 침입자들이 로마인에게 영향을 미친 것 이외에도, 아랍인들과 포르투갈인들 사이의 교역을 통해 600개 이상의 포르투갈어 어휘에 영향을 미쳤다. 아랍어의 영향은 주로 명사에서 이루어졌으며 라틴어에 기초한 포르투갈어의 구조에는 아무런 영향을 주지 못했다. 그리고 포르투갈어에 영향을 준 아랍어들은 의류, 가구, 농업, 음식과 관련된 어휘가 많다. 주요한 어휘는 다음과 같다.

☒ 16 **açúcar**

> **유래** 산스크리트어 xarkará(모래알)에서 파생되어 아랍어로 유입된 뒤에는 as-sukkar(설탕)라고 쓰여진 형태에서 유래
>
> **의미** 설탕

☒ 17 **álcool**

> **유래** 전통 아랍어 al-kuhl이 진화하여 al-kohól이 되고 라틴어 alcohol(처음에는 화학성분 안티몬 이라는 의미였다가, 분쇄, 승화, 증류를 통해 얻어진 물질을 일컫게 되고, 이후에는 와인의 영혼이라는 의미로 쓰임)을 거쳐 포르투갈어 álcool로 변화
>
> **의미** 알콜

☒ 18 **azeite**

유래 az-zayt(기름 또는 올리브유)에서 유래

의미 올리브유

☒ 19　**algodão**

유래 같은 의미의 al-qutun에서 유래

의미 면, 솜

☒ 20　**algema**

유래 al-djama(팔찌)에서 유래

의미 수갑

☒ 21　**xadrez**

유래 산스크리트어 chaturanga(네 명의 멤버)에서 파생된 아랍어 xatrandj 형태에서 유래되었고, 이 어휘는 네 그룹의 전사들(폰, 비숍, 나이트, 루크)을 암시하는 체스 게임의 이름으로 정착

의미 체스

그 밖에, açougue(정육점), arroz(쌀), café(커피), xarope(시럽), alfazema(라벤더), alfafa(자주개자리), almofada(쿠션), alfinete(핀), álgebra(대수학), zero(0), alqueire(부셸), fulano(아무개), mesquinho(자그마한), refém(인질) 등도 아랍어에서 유래된 포르투갈어 어휘들이다.

6. 인디오어

식민지의 원주민 언어에 대한 포르투갈인들의 억압에도 불구하고 약 350개의 인디오어가 브라질 포르투갈어에 확연하게 영향을 미쳤다. 수많은 어휘 중에 몇몇 주요한 어휘만 제시하면 다음과 같다.

☒ 22   **pipoca**

> **유래**   뚜삐어(tupi) pi'poka에서 유래하였고, pira(피부)와 pok(터진)가 결합된 형태로 문자 그대로 하면 옥수수의 터진 피부란 의미

> **의미**   팝콘

☒ 23   **piranha**

> **유래**   pirá(물고기)와 ãîa(이빨) 형태가 결합하여 peixe dentado(이빨이 난 물고기)라는 의미

> **의미**   피라냐

☒ 24   **pororoca**

> **유래**   뚜삐어 poro'roka(충돌, 강타)에서 유래하여 1636년에 포르투갈어에서 처음으로 사용되기 시작

> **의미**   강물이 높은 바다의 물과 만날 때 형성되는 격렬한 파도

☒ 25   **mingau**

> **유래**   뚜삐어 minga'u(퓨레, 흠뻑 젖은)에서 유래

의미 죽

☒ 26   **peteca**

유래 뚜삐어 petek(펼친 손으로 때리다)에서 유래하였고, 현재 셔틀콕 모양의 작은 제기를 손으로 때리는 게임의 명칭으로 사용

의미 서양 제기

☒ 27   **catapora**

유래 tatá(불)와 pora(신호)에서 유래하여 불의 신호라는 의미로, 수두가 몸에 남기는 빨간 얼룩 때문임.

의미 수두

☒ 28   **perereca**

유래 뚜삐어 동사 pererek(팔짝 뛰며 점프하다)에서 유래하였는데 청개구리의 팔짝 뛰는 모습 때문임.

의미 청개구리

☒ 29   **jururu**

유래 같은 의미의 뚜삐어 aruru에서 유래

의미 슬픈

그 외에, cumbuca(작은 용기), caboclo(백인과 인디오의 혼혈), capiau(촌뜨기), capixaba(Espírito Santo 주민), tapioca(타피오카) 등도 인디오어에서 유래되었다.

7. 아프리카어

브라질 발견시대에 수백만 명의 아프리카인들이 노예로 유입되면서 그들의 문화와 함께 어휘가 정착되었다. 따라서 포르투갈어에 영향을 미친 어휘가 무수히 많지만 몇몇 주요한 어휘만 소개하면 다음과 같다.

⊠ 30 **moleque**

> **유래** 같은 의미의 낑분두어(quimbundo) mu'leke에서 유래
>
> **의미** 소년

⊠ 31 **bunda**

> **유래** 같은 의미의 낑분두어 'mbunda에서 유래
>
> **의미** 엉덩이

⊠ 32 **bagunça**

> **유래** bagunza(반란)에서 유래
>
> **의미** 난장판

⊠ 33 **camundongo**

> **유래** 낑분두어로 kamundongo는 '문명화된 사람'의 의미인데, 생쥐가 도시의 동물로서 인식되기에 브라질에선 이러한 이름으로 정착
>
> **의미** 생쥐

⊠ 34 minhoca

유래 낑분두어로 nyoka는 '뱀'이란 의미에서 유래하였는데, 포르투갈어에서는 '지렁이'가 되었으므로 유래에 논쟁의 여지가 있음.

의미 **지렁이**

⊠ 35 quilombo

유래 낑분두어로 '마을' 이란 의미에서 유래하였고, 웅분두어(umbundo)로 '전사 연합'의 의미도 있음.

의미 **도망친 노예들의 은신처**

⊠ 36 samba

유래 낑분두어 semba에서 유래하였다. semba는 루안다에서 추던 춤으로 춤을 출 때 커플들은 서로 배꼽을 내밀고 들어 올려 춤을 추었다. 앙골라에서 온 노예들에 의해 브라질로 들어왔고, 이름이 변경되어 브라질 삼바의 기원이 됨.

의미 **삼바**

⊠ 37 marimbondo

유래 낑분두어 ma(복수 접두사)와 ribundo(말벌)가 결합된 형태인 mari'mbondo(말벌)에서 유래

의미 **말벌**

그 밖에, macumba(마꿈바 종교), moqueca(모께까 음식), maxixe(마시시 춤), batuque(바뚜끼 음악), cafuné(머리 쓰다듬기), acarajé(아까라제 음식), jiló(질로 열매) 등도 아프리카어에서 유래되었다.

8. 스페인어

이베리아반도뿐만 아니라 남미에서도 스페인어와 포르투갈어는 잦은 접촉이 있었기 때문에 두 언어 간의 유사성은 다른 언어와 비교할 수 없을 정도로 크다. 예를 들어 몇 몇 어휘만 소개하면 다음과 같다.

☒ 38 **neblina**

> **유래** 같은 의미의 라틴어 nebùla에서 유래
> **의미** 안개

☒ 39 **bolero**

> **유래** 같은 의미의 스페인어 bolero로부터 유래
> **의미** 볼레로

☒ 40 **hediondo**

> **유래** 동사 heder(feder)로부터 파생, 즉 나쁜 냄새라는 의미에서 변화
> **의미** 끔찍한, 추악한

⊠ 41　pandeiro

유래　라틴어 pandorius에서 파생된 pandero에서 유래

의미　탬버린

⊠ 42　castanhola

유래　같은 의미의 스페인어 castañuela에서 유래

의미　캐스터넷

그 외에, cavalheiro(신사), colcha(이불), façanha(묘기, 위업), frente(앞), rebelde(반역자) 등도 스페인어에서 유래되었다.

9. 이탈리아어

특히 르네상스 시기에 예술과 관련된 용어들이 포르투갈어로 유입되었다. 주요한 어휘는 다음과 같다.

☒ 43　aquarela

> **유래**　라틴어 aquarìus(물 관련)로부터 파생된 acquarella(수채화)로부터 유래

> **의미**　**수채화**

☒ 44　piano

> **유래**　같은 의미의 이탈리아어에서 유래하였고 원래 형태는 pianoforte임.

> **의미**　**피아노**

☒ 45　serenata

> **유래**　라틴어 serenus(조용한)에서 유래하였고, sereno(조용한 야외)로부터 변화한 serenata 형태로 정착

> **의미**　**세레나데, 소야곡**

☒ 46　banquete

> **유래**　banchetto(여러 사람과의 식사)가 프랑스어 banquet를 거쳐 포르투갈어로 변화

> **의미**　**연회**

⊠ 47 camarim

유래 같은 의미의 camerino에서 유래

의미 탈의실

그 밖에, adágio(아디지오, 느린 곡), ária(아리아), maestro(거장), soprano(소프라노), dueto(듀엣), violoncelo(첼로), bandolim(만돌린), boletim(회보), cenário(줄거리), palhaço(광대), macarrão(면) 등도 이탈리아어에서 유래되었다.

10. 프랑스어

18, 19세기의 프랑스는 유럽 문화의 중심축이었고, 패션과 예술 관련 용어에서 포르투갈어에 큰 영향을 주었다. 주요한 어휘는 다음과 같다.

☒ 48 bijuteria

유래 bijouterie(원래 보석을 파는 사람을 지칭했으나 후에 보석류를 의미)로부터 유래

의미 보석류

☒ 49 abajur

유래 같은 의미의 abatjour에서 유래. 프랑스어 abbatre(낮추다)와 jour(불)이 결합되어 형성된 형태로, 불빛을 낮춰주는, 즉 불빛을 부드럽게 해주는 물체를 가리킴.

의미 갓 전등

☒ 50 brisa

유래 같은 의미의 brise에서 유래

의미 산들바람

그 외에, ancestral(조상의), chofer(운전사), burocracia(관료주의), tricô(뜨개질), apartamento(아파트), ateliê(아틀리에), bicicleta(자전거), envelope(봉투), fetiche(주물), menu(메뉴), restaurante(레스토랑) 등도 프랑스어에서 유래되었다.

11. 독일어

역사적으로 포르투갈인과의 접촉은 미미했으나 몇 가지 어휘에 공헌을 하였다. 예를 들면 다음과 같다.

☒ 51 cobre와 níquel

유래 18세기 처음으로 니켈을 캔 독일인 광부에 의하여 니켈에 붙여진 이름 kupfernickel 이란 용어로부터 kupfer(구리)와 nickel(니켈) 로 분리되고 이 형태가 포르투갈어로 전파

의미 구리와 니켈

☒ 52 zinco

유래 독일인 화학자 Andreas Marggraf에 의해 발견된 요소에 붙여진 이름 zink가 프랑스어 zinc를 거쳐 포르투갈어 zinco로 변화

의미 아연

☒ 53 valsa

유래 독일어 walzer가 프랑스어 valse를 거쳐 포르투갈어 valsa로 변화

의미 왈츠

12. 영어

19세기말부터 상업적, 정치적 관계가 커지며 포르투갈어의 어휘도 영어의 영향을 받는다. 그리고 실생활에서 점점 더 영어 어휘에 대한 영향은 늘어가고 있다. 주요한 어휘는 다음과 같다.

☒ 54 **shopping**

> **유래** shop(사다)과 center(중심)가 결합되어 '구매의 중심'이라는 의미로 shopping center가 포르투갈어로 유입되고, 현재 줄여 shopping 만으로 사용
>
> **의미** 쇼핑

☒ 55 **bar**

> **유래** 1807년 이래로 사용된 용어로 bar-room의 축약된 형태
>
> **의미** 바

☒ 56 **computador**

> **유래** 1962년에 만들어진 electronic computer의 축약된 형태로, 동사 computar의 어원
>
> **의미** 컴퓨터

☒ 57 **basquete**

> **유래** basket(바구니)과 ball(공)이 결합된 형태 basketball에서 유래하

였고, 포르투갈어 basquetebol의 축약된 형태

의미 농구

그 밖에, bife(스테이크), sanduíche(샌드위치), futebol(축구), clube(클럽), júri(심판), panfleto(팜플렛), piquenique(소풍), recital(리사이틀), repórter(리포터), iate(요트), jóquei(기수) 등도 영어에서 유래되었다.

13. 중국어

중국어의 영향은 미약하나 교역품의 이름에서 두드러진 영향을 미쳤다.

⊠ 58 chá

유래 전통 중국차를 만드는 식물의 만다린 방언 ch'a로부터 유래

의미 차

⊠ 59 leque

유래 Liú Kiú라는 중국의 섬 이름에서 유래하여 이곳의 주민들을 일컫는 léquio를 거쳐 중국의 전통 제품, 부채를 칭하는 의미로 포르투갈어로 유입

의미 부채

그 밖에도 직·간접적으로 작은 영향을 미친 여러 언어들이 있다. 대표적인 어휘와 함께 간단히 아래에 제시한다.

14. 일본어	quimono(기모노), sushi(초밥), sashimi(회)
15. 말레이어	bule(주전자), jangada(뗏목)
16. 러시아어	vodca(보드카)
17. 스웨덴어	edredom(솜이불)
18. 핀란드어	sauna(사우나)
19. 네덜란드어	escuna(스쿠너 배)
20. 이집트어	crocodilo(악어)
21. 이란어	tigre(호랑이)
22. 게일어	slogan(슬로건)
23. 페르시아어	paraíso(천국)
24. 산스크리트어	pagode(빠고지)
25. 히브리어	sábado(토요일)
26. 한국어	melona(메로나 아이스크림)

브라질에서 사용하는 대중 표현을 살펴보면, 타 언어의 영향 혹은 역사적 배경이나 당시의 시대상이 관찰된다. 그리고 동물의 이미지나 형태 혹은 행동양식을 통해 비유적으로 의미를 전달하기도 하고, 사물의 상징적인 모습으로 의미를 유추할 수 있는 표현도 있다.

이를 **(1) 격언이나 속담 표현, (2) 사람 묘사 표현, (3) 상황, 상태 및 감정 표현, (4) 행동, 태도 및 방법 표현, (5) 동물을 이용한 표현**으로 구분하여 살펴본다.

1. 격언이나 속담 표현

☒ 60 **A mentira tem pernas curtas.**

> **직역** 거짓말은 짧은 다리를 가지고 있다.

> **유래** 독창적이고 추상적으로 포스터를 그리던 19세기 프랑스의 화가 앙리 드 툴루즈로트렉(Henri de Toulouse-Lautrec)으로부터 유래하였다. 그는 대퇴골이 부러지는 사고로 인해 다리가 퇴화되었다. 그의 신체 특징과 화풍 때문에 이러한 표현이 등장하였다.

> **의미** 거짓말을 하면 곧 들통이 난다. 거짓말은 오래가지 못한다.

☒ 61 **A voz do povo é a voz de Deus.**

> **직역** 주민의 목소리가 신의 목소리이다.

> **유래** 옛 로마시대에서 선거를 할 때 투표함에 라틴어로 vox populi, vox Dei라고 써 놓았던 데서 유래하여, 현재 많은 국가에서 같은 의미의 격언을 사용하고 있다.

> **의미** 대다수의 의견이 맞다. 민심이 천심.

☒ 62 **A união faz a força.**

> **직역** 동맹은 힘을 만든다.

> **유래** 성서에 보면 막대기 하나를 부러뜨리는 것은 쉬우나 막대기 뭉치를 부러뜨리는 것은 어렵다는 말이 있다. 라틴어로 Vis unita fortior이 포르투갈어로 번역된 것이다.

> **의미** 뭉치면 살고 흩어지면 죽는다.

⊠ 63 Água mole em pedra dura tanto bate até que fura.

직역 부드러운 물이 딱딱한 돌에 구멍을 낼 때까지 엄청 때린다.

유래 1912년 발간된 책, 우베라바 축구의 역사(A história do Futebol em Uberaba)에 나오는 이야기이다. 미나스제라이스의 우베라바 스포츠클럽의 회장 중 한명이었던 Tomás de Aquino Cunha Campos 대령은 87세의 나이에 14세 소녀와 결혼을 성사시킨다. 성당의 신부가 신혼여행에 가서 과연 부부관계를 할 수 있을지 의문을 제기하자 이러한 말을 하였다고 한다. 실제로 2년 후에 아들이 태어났다. 이 표현은 물방울이 돌을 뚫는다는 의미의 라틴어 guta cavat lapidem에서 유래하였다.

의미 끈기는 모든 어려움을 이겨낸다.

⊠ 64 Águas passadas não movem moinhos.

직역 지나간 물은 물레방아를 움직이지 못한다.

유래 세르반테스의 작품, 라만차의 돈키호테(Dom Quixote de la Mancha) 6장에서 돈키호테는 충실한 부하인 산초 판자(Sancho Panza)에게 소변으로 물레방아를 돌려 보라고 했으나 산초는 요실금이 있었고 불가능했다. 여러 번 시도해 본 후에 돈키호테는 자신의 검으로 움직이려 했으나 잘 되지 않았다. 결국 이건 안 될 거라며 길을 떠났다.

의미 과거는 과거일 뿐, 과거의 문제는 잊어라.

⊠ 65 Ajoelhou, tem que rezar.

직역 무릎을 꿇었으니 기도를 해야 한다.

유래 예수가 성전에 들어왔을 때 이렇게 말했다고 한다. 그리고 기도를 하지 않는 사람은 얻어맞았다.

의미 뭔가를 시작했으면 끝까지 가야 한다. 일단 칼을 뺐으면 무라도 잘라라.

⊠ 66 amigos certos, nas horas incertas

직역 확실한 친구, 불확실한 시간에

유래 셰익스피어의 희곡 줄리어스 시저에서 브루투스는 공화정을 신앙과 같이 지지하는 정치가다. 그는 시저를 사랑했고 그의 총애를 받지만, 시저의 독재를 우려해 암살에 가담한다. 시저가 한 유명한 말 '브루투스 너마저'라는 말을 듣고, 브루투스가 시저에게 답한 말이다. 사실은 반대로 amigos incertos, nas horas certas(불확실한 친구, 확실한 시간에)라고 말했겠지만 라틴어 번역은 반대로 전해졌다.

의미 어려운 상황에 진정한 친구가 나타난다.

⊠ 67 As paredes têm ouvidos.

직역 벽은 귀를 가지고 있다.

유래 위그노(프랑스 개신교도)의 추적으로부터 탄생한 표현이다. 앙리 2세의 부인인 Catarina de Médici 왕비(1519-1589)는 위그노들을 냉혹하게 추적, 감시하기 위해 왕궁의 천장과 벽에 있는 그림들 프레임 사이에 위장하여 구멍이 뚫린 망을 설치하도록 시켰다. 이러한 스파이 시스템은 as paredes ouvem(벽이 듣는다)는 표현의 기원이 된다.

의미 말조심해라. 낮말은 새가 듣고 밤 말은 쥐가 듣는다.

☒ 68 Atrás de um grande homem há sempre uma grande munher.

직역 위대한 남자의 뒤엔 항상 위대한 여자가 있다.

유래 성경에 나오는 이야기로 작은 체격의 다윗이 나라를 구하기 위해 거인 골리앗에게 도전하였을 때, 다윗에게는 사납고 거대한 여자가 있었다. 다윗과 골리앗의 결투가 있었을 때, 그녀는 다윗에게 '골리앗이 당신을 죽이면 내가 골리앗의 성기를 잘라버리겠다'고 자극한다. 용기를 얻은 다윗은 골리앗을 돌로 물리친다.

의미 성공한 모든 남자에겐 그를 자극한 여자가 있다.

☒ 69 Apressado come cru.

직역 급하게 날로 먹는다.

유래 원래는 apressado come cu(급하게 항문을 먹는다) 버전으로 19세기 말 브라질에서 처음 등장한 표현이다. 당시에는 차도 모텔도 없었기에 사람들은 길가에서 사랑을 나누곤 했다. 급하게 성관계를 하려다보니 정확한 위치에 삽입하지 못하는 경우를 일컫는다.

의미 급하게 조심성 없이 일을 하면 결과가 좋지 않다. 급할수록 돌아가라.

☒ 70 Cão que ladra não morde.

직역 짖는 개는 물지 않는다.

유래 작가 Falcão은 'the dog au-au not nhac-nhac'이라는 아름다운 해석을 내놓았다. 잘 짖는 개는 실제로는 겁이 많아서 잘 물지 않는다. 큰 소리 치기만 하고 잘 행동하지 않는 사람을 일컫는다.

의미 빈 수레가 요란하다.

☒ 71 **De grão em grão a galinha enche o papo.**

직역 한 알 한 알 닭이 위를 채운다.

유래 닭이 곡물 알갱이를 한 알 한 알 모아 결국 모이주머니를 가득 채운다.

의미 티끌모아 태산.

☒ 72 **Depois da tempestade, vem a bonança.**

직역 폭풍우 뒤에 평온이 온다.

유래 성경에서 나온 말로 노아가 무서워하는 가족들과 동물들에게 했던 말이다.

의미 나쁜 일 다음에는 항상 좋은 일이 일어난다. 비온 후에 땅이 굳는다.

☒ 73 **Deus ajuda quem cedo madruga.**

직역 신은 일찍 일어나는 사람을 돕는다.

유래 아침 5시에 미사를 드리기 위해 기숙학생을 깨우던 사제들에 의해서 만들어졌을 수 있다.

의미 일찍 일하기 시작한 사람이 더 많은 돈을 번다. 하늘은 스스로 돕는 자를 돕는다.

☒ 74 **Dinheiro não nasce em árvore.**

직역　돈은 나무에서 태어나지 않는다.

유래　아담과 이브를 천국에서 추방했을 때 신이 한 말, 즉 "지금부터 너희들은 일하고 돈을 벌어야 한다. 왜냐하면 돈은 사과처럼 나무에서 나지 않기 때문이다"에서 유래되었다.

의미　돈을 갖기 위해선 일해야 한다.

☒ 75　Dinheiro não traz felicidade.

직역　돈은 행복을 가져오지 않는다.

유래　클레오파트라는 격언이 써져 있는 큰 종이를 가지고 있었는데 뱀이 절반 이상을 먹어버렸다. 그런데 남은 부분에는 이와 같은 구문으로 시작하였다고 한다.

의미　돈이 인생에서 가장 중요한 것은 아니다.

☒ 76　É de pequenino que se torce o pepino.

직역　오이는 작을 때부터 비틀어진다.

유래　이 표현은 채소가 아직 흔하지 않은 포르투갈로부터 1600년 이전에 브라질로 들어왔다.

의미　단점은 어릴 때부터 고쳐야 한다. 좋은 것은 더 빨리 배울수록 좋다.

☒ 77　Em terra de cego quem tem um olho é rei.

직역　장님의 땅에서는 눈 한 쪽 있는 사람이 왕이다.

유래　포르투갈의 시인 카몽이스(Luís de Camões, 1525~1580)가 신

트라(Sintra)에 있는 보헤미안 친구에게 보낸 편지에서 유래되었다. 중국에는 장님만 있는 한 부족이 있다고 주장했다. 그는 동양인들의 눈이 작은 것을 장님이라고 생각했었다. 그래서 눈만 있다면 왕이 될 수 있을 거라는 얘기를 하였다.

의미 조금 아는 사람이 무식한 사람들 앞에서는 빛이 난다.

⊠ 78 **Façam o que eu digo mas não façam o que eu faço.**

직역 내가 말하는 것을 해라, 하지만 내가 하는 것을 하지는 말라.

유래 성경의 마태복음에 다음과 같이 기록되어 있다. "그들이 말하는 모든 것을 하십시오, 하지만 그들이 하는 것을 하지는 마십시오. 왜냐하면 그들은 해야 할 것을 말하지 그들이 하지는 않기 때문입니다." 로마의 작가 Plauto(기원전 254-184)는 자신의 연극 Asinária에서 이와 매우 유사한 의미를 사용했다. "당신이 설교하는 것을 실천 하십시오".

의미 자신의 말을 실천하라.

⊠ 79 **Mais vale um pássaro na mão do que dois voando.**

직역 손 안에 있는 한 마리의 새가 날고 있는 두 마리보다 가치 있다.

유래 한 부대에서 다른 부대로 비둘기를 사용하여 메시지를 전달할 당시에 잘 알려진 말이다. 한 번에 꼭 한 마리의 새만 보냈다. 만약 두 마리를 함께 보내면, 특히 암컷과 수컷을 한 마리씩 보내는 경우에 그들은 서로 주의를 딴 곳에 두거나 연애하거나 호숫가에 목욕을 하러 가곤 했다.

의미 확실한 것을 갖고 있는 것이 많은 것을 꿈꾸는 것보다 낫다.

⊠ 80 Matar dois coelhos com uma cajadada só

직역 딱 한 번 때려서 두 마리 토끼를 죽이다.

유래 몽둥이 하나로 두 마리 토끼를 잡으려면 토끼가 교미하는 순간을 이용하면 된다. 아주 짧은 순간이므로 딱 한 번의 타격만이 가능하다.

의미 한 번의 노력으로 두 가지 목표를 달성하다. 일석이조(一石二鳥). 일거양득(一擧兩得).

⊠ 81 Não adianta chorar o leito derramado.

직역 쏟아진 우유 때문에 울어봐야 소용없다.

유래 '시골 처녀와 우유 양동이'라는 우화에서, 한 처녀는 우유를 판돈으로 살 수 있는 모든 것을 생각하면서 머리에 우유 양동이를 이고 도시로 가는 계단을 오르고 있었다. 그녀는 비틀거리면서 양동이를 떨어뜨리고 우유는 바닥에 쏟아지고 처녀는 울고 만다.

의미 이미 벌어진 일 때문에 울어봐야 소용없다. 이미 엎질러진 물이다.

⊠ 82 Onde tem fumaça tem fogo.

직역 연기가 있는 곳에 불이 있다.

유래 로마를 불태운 뒤 네로 황제는 술에 취해 '연기가 있는 곳에 불이 있다'고 했는데, 여기서 불은 그의 취기였다.

의미 아니 땐 굴뚝에 연기 나랴.

⊠ 83 Os fins justificam os meios.

직역 결과는 수단을 정당화한다.

유래 이 문장은 자신의 작품에서 지배계급을 공격하는 것으로 유명한 이탈리아의 작가 니콜로 마키아벨리(Nicolau Maquiavel, 1469-1527)가 만든 것이다. 그는 레오나르도 다 빈치와 함께 르네상스인의 전형으로 알려져 있다. 그의 작품 중 가장 유명한 것은 그의 사후 1532년에 발간된 O príncipe(군주론)이다.

의미 **목표를 달성하기 위해 무엇이든 할 수 있다.**

☒ 84 Pau que nasce torto morre torto.

직역 구부러져 태어난 나무는 구부러져서 죽는다.

유래 어떤 방식으로 태어난 사람이나 사물은 어쩔 수 없이 항상 같은 방식을 유지한다.

의미 **세 살 버릇 여든까지 간다.**

☒ 85 Quem espera sempre alcança.

직역 기다리는 사람은 항상 성공한다.

유래 리우데자네이루에서 말이 끄는 최초의 전차가 나왔을 때, 전차가 지나가는데 많은 시간이 걸렸다. 인내하는 사람은 항상 원하는 것을 성취한다는 의미이다.

의미 **참는 자에게 복이 있다.**

☒ 86 Quem não arrisca não petisca.

직역 시도하지 않는 자, 먹지 못한다.

유래 1958년 브라질 축구팀 감독이었던 Vicente Feola가 경험 많은 선수들을 대표 팀에서 제외시키고 당시 17세의 펠레를 대표팀에 발탁하며 상파울루의 잡지 A Gazeta Esportiva에의 인터뷰에서 했던 말에서 등장하였다.

의미 뭔가를 얻으려면 항상 시도해야한다. 호랑이를 잡으려면 호랑이 굴로 가라.

☒ 87 **Quem não chora não mama.**

직역 울지 않는 사람은 젖을 빨지 못한다.

유래 1935년 리우 카니발 행진에서 나왔던 말이다. 원하는 것을 얻으려면 의사표현을 해야 한다는 의미이다.

의미 요구하지 않고는 아무 것도 이룰 수 없다. 우는 아이에게 젖 준다.

☒ 88 **Quem não tem cão caça com gato.**

직역 개가 없는 사람은 고양이와 함께 사냥한다.

유래 처음에 이 표현은 '고양이와 함께(com gato)'가 아니라 '고양이처럼(como gato)'이었다. 즉 고양이가 하는 것처럼 교활하게 하라는 의미였다. 하지만 시간이 흐르면서 지금의 표현으로 변화되었다.

의미 어떤 방법으로 할 수 없는 일은 다른 방법으로 해라. 이가 없으면 잇몸으로.

☒ 89 **Quem procura sempre acha.**

직역 찾으려고 하는 사람은 항상 발견한다.

의미 노력하는 자만이 얻을 수 있다.

☒ 90   Quem tudo quer tudo perde.

직역 모든 것을 원하는 사람은 모든 것을 잃는다.

유래 르네상스 시대에 세계를 정복하려는 스페인의 욕망을 비판하면서 Lope de Vega가 그의 연극에 인용한 'Quien todo lo quiere, todo lo pierde'라는 스페인어 표현에서 유래하였다.

의미 과다한 욕심을 부리지 마라. 대탐대실.

☒ 91   Quem vê cara não vê coração.

직역 얼굴을 보는 사람은 심장(마음)을 보지 못한다.

유래 고대 그리스의 동전을 보면, 한 쪽에는 황제의 얼굴, 다른 한 쪽에는 심장이 있었다. 그래서 얼굴 면을 보는 사람은 심장을 보지 못했다.

의미 겉만 보고 사람을 판단하지 마라.

☒ 92   tal pai, tal filho

직역 그 아버지에 그 아들

유래 이 문구를 만든 사람은 카몽이스로, 그의 걸작 루지아다스(Os lusíadas)의 3장에서 나온 말이다. 카몽이스는 포르투갈의 첫 번째 왕 Dom Afonso Henrique가 제1차 십자군에서 싸운 그의 아버지와 똑같은 용기를 보여준 것을 언급하기 위해 이 표현을 사용했다. 같은 의미의 표현으로 'filho de peixe peixinho é(물고기의 아들은 새끼불고기)'라고도 한다.

의미 그 아버지에 그 아들, 부전자전(父傳子傳)

---

93 Tempo é dinheiro.

직역 시간은 돈이다.

유래 그리스 철학자 테오프라스토스는 500권 중 약 200권을 저술하는 데 기여했는데 '시간은 매우 비싸다'고 했을 것이다. 왜냐하면, 그는 책을 평균 2개월마다 한 권씩 썼기 때문이다. 미국의 물리학자 벤자민 프랭클린(1706-90)은 그의 작품들을 읽은 이후 이 표현에 도달했을 것이다.

의미 시간은 중요하다. 시간은 금이다.

---

94 Um raio não cai duas vezes no mesmo lugar.

직역 벼락은 같은 장소에 두 번 떨어지지 않는다.

유래 이러한 믿음을 가지고 있던 인디언들은 벼락에 피해를 입지 않기 위해 오래된 나무 조각을 부적으로 사용하였다. 하지만 사실은 완전히 다르다. 벼락은 같은 지역에 여러 번 떨어진다.

의미 누군가에게 한번 일어난 나쁜 일은 다시는 일어나지 않는다.

2. 사람 묘사 표현

☒ 95 arraia miúda

직역 작은 가오리

유래 브라질의 정치인들에 의해 많이 사용되는 표현이다. Rui Barbosa(1849-1923)는 여러 번 대통령에 출마하면서 자신의 정치력을 작은 가오리에 비유하곤 했다.

의미 단체 내에서 중요하지 않은 사람

☒ 96 arroz de festa

직역 파티의 밥

유래 포르투갈에서 arroz doce(sweet rice puding)와 같은 후식을 이렇게 불렀다. 부유층 가정에서 이러한 후식은 파티 날이면 꼭 빠지지 않는 것이었다. 음식에 쓰던 이 표현이 훗날 사람을 칭하는 말이 되었다.

의미 모든 파티에 항상 나타나는 사람

☒ 97 bola murcha

직역 바람 빠진 공

유래 예전에 축구공은 가죽의 조각을 붙이고 안에 공기 주입 튜브가 있었다. 축구 경기 중에 자주 공에 바람이 빠지곤 해서 누군가 경기장에 들어가 다시 바람을 넣곤 했다. 많은 축구 선수들이 헤딩할 때 공기 주입구의 못에 찔리지 않으려고 털모자를 쓰곤 했는데, 그들은 부르던 표현이다.

의미 약한 사람, 겁쟁이

☒ 98 cara de pau

직역 나무 얼굴

유래 칠면조(peru)의 얼굴이라는 말에서 유래되었다. 크리스마스에 요리하여 먹는 칠면조의 얼굴이 얼마나 냉소적일지 연상해 보자. 크리스마스 때 보면 파렴치하게 다른 사람보다 엄청 더 먹고 마시는 그런 사람이 한명씩 있다.

의미 파렴치한 사람, 철면피

☒ 99 caradura

직역 단단한 얼굴

유래 예전 가면무도회에서 유래 되었다. 거기서 딱딱한 가면을 쓰면 본인이 드러나지 않기 때문에 터프하고 파렴치한 행동을 하곤 했다. 그러다가 가면을 벗어 원래의 부드러운 얼굴(cara mole)이 되면 예의바르고 착한 사람이 되었다. cara(얼굴)와 dura(단단한)가 합쳐져 한 단어가 되었다.

의미 파렴치한 사람, 철면피

☒ 100 chato de galocha

직역 고무장화의 짜증나는

유래 비 올 때 나가기 위해 일반적인 신발 위에 신는 고무장화이다. 비오는 날 이 장화를 벗지 않고 집에 그대로 들어가 바닥을 다 적시는 짜증나는 사람이 꼭 있다.

의미 아주 짜증나는 사람

⊠ 101 cheio de nove horas

직역 9시로 가득 찬

유래 19세기 경 브라질의 일부 지역에서는 과거 우리나라에 통행금지 시간이 있었던 것처럼 밤 9시 이후에 돌아다니는 사람은 조사를 받았다. 9시는 취침 시간으로 규정이 되어 있었기 때문이다. 사회적인 이벤트나 방문도 이 시간을 초과할 수 없었다. 그래서 많은 규칙에 둘러싸여 사는 사람을 부르는 말이 되었다.

의미 많은 규칙을 가진 사람

⊠ 102 com a pá virada

직역 뒤집어진 삽으로

유래 뒤집어진 삽(pá)으로는 땅을 팔 수 없는 것처럼 아무짝에도 쓸모 없다는 뜻이 있고, 일부 동물들의 견갑골(pá)을 의미하는 쓰임으로 폭력적인 뜻도 가지고 있다.

의미 게으른 사람 혹은 폭력적인 사람

⊠ 103 de fechar o comércio

직역 장사를 마감하는

유래 이 표현이 처음으로 생겨난 것은 기원전 4세기인데, 작가 Tito Lívio(기원전 59-기원후17)에 따르면, 로마의 상점들은 군대가 패배한 후 문을 닫았다. 몇 세기 후, 포르투갈에서는 중요하거나 기쁜 혹은 슬픈 사건이 '장사를 마감하는' 이유가 되었다.

의미 감탄할 만한 사람, 대단한 일

⊠ 104 esperto como uma raposa

직역 여우처럼 약삭빠른

유래 우화 '여우와 까마귀'에서 까마귀는 치즈조각을 먹으려고 하고 있었다. 여우가 다가와 치즈를 보면서 까마귀를 칭찬하기 시작하다가 마지막에 여우는 "네가 노래할 줄 모른다는 게 안타깝다"고 한다. 그 말에 짜증이 난 까마귀는 부리를 열고 결국 치즈는 여우의 입에 쏙 들어간다. 이리하여 여우는 약삭빠르다는 명성을 얻었다.

의미 **영리한, 약삭빠른 사람**

⊠ 105 é tudo farinha do mesmo saco.

직역 전부 같은 봉지의 밀가루다.

유래 프랑스의 작가 Honoré de Balzac(1799-1850)는 라틴어로 유명한 문구, Homines sunt eiusdem farinae(사람들은 같은 밀가루)를 대중화하였다. 이것은 본인은 다르다고 말하지만 실제로는 자신이 비판하는 사람들과 똑같이 행동하고 있는 사람들에게 사용된다.

의미 **그놈이 그놈, 다 똑같은 사람**

⊠ 106 mãe coruja

직역 올빼미 엄마

유래 모든 어머니들은 자녀들의 능력을 과장한다. 하지만 올빼미 엄마는 과장의 정도가 훨씬 심한 사람이다. 이 표현은 우화 '올빼미와 독수리'에서 탄생했다. 올빼미와 독수리는 서로의 새끼를 잡아먹지 않기로 합의한다. 독수리는 올빼미에게 새끼들이 어떻게 생겼는지 물었고 올빼미는 세상에서 가장 아름답다고 말했다. 얼마 뒤, 독수리가 날아다니다가 어떤 둥지 안의 아주 못생긴 새끼들을 발견하고 그 둥지를 공격해 모든 새끼를 잡아먹는다. 이후 독수리는 이 못생긴 새끼들이 올빼미가 예쁘다고 했던 새끼들임을 발견한다.

의미 열성 엄마

⊠ 107 **mão aberta**

직역 열린 손

유래 '열린 손'은 브라질 식민지 당시 거리에서 손을 벌려 동전을 구걸하던 거지들을 일컫는 말이었다. 시간이 지나면서, 이 표현은 의미가 변하게 되었다.

의미 돈을 펑펑 쓰는 사람

⊠ 108 **Maria vai com as outras.**

직역 마리아가 다른 사람들과 간다.

유래 Dom João 6세의 어머니이자, Dom Pedro 1세의 할머니인 Maria 1세는 1972년에 정신이 나가서 통치하는 것이 금지되었다. 건강상태 때문에 그녀는 궁 밖으로는 아주 가끔만 돌아다녔고 항상 많은 시녀들을 동행했다. 이런 경우 주민들은 "마리아가 다른 사람들과 간다"라고 말했다.

의미 자신의 의견이나 의지가 없는 사람

⊠ 109 **metido a sebo**

> **직역** 헌책방과 관련된

> **유래** 20세기 초에는 오래된 책을 파는 서점에 가는 것을 좋아하는 사람들을 지칭하였다. 집에 오래된 책을 가지고 있는 것은 우아했고 현학적이었다. 책이 고서일수록 더 많은 지위가 부여되었다.

> **의미** 아는 체 하는 사람, 허영심이 많은 사람

☒ 110 **pé rapado**

> **직역** 털 없는 발

> **유래** 프랑스 연극배우 사라 베르나르(Sarah Bernhardt)가 20세기 초반 브라질에 있었을 때, 리우데자네이루의 법대생들은 그녀를 마차에 태워 끌고 다녔다. 그들은 노예나 동물처럼 모두 맨발이었다. 이후 이 학생들은 '털 없는 발'이라고 불리게 되었다.

> **의미** 가난한 사람

☒ 111 **saco de pancada**

> **직역** 샌드백

> **유래** 샌드백은 중세시대 동안 사람들이 자신의 에너지를 발산하거나 우울함과 걱정을 해소할 수 있도록 만들어졌다. 그 당시에는 화가 난 사람들이 아내나 주변 사람에게 화를 내지 않도록 하려고 집에 주먹으로 때릴 샌드백 같은 것을 가지고 있는 것은 일반적이었다.

> **의미** 많이 얻어맞는 사람

☒ 112 **santo do pau oco**

직역 빈 나무의 성인

유래 18세기 브라질의 미나스제라이스에서 생겨난 표현이다. 채광산업이 전성기일 때 포르투갈 왕이 부과한 높은 세금으로부터 피하기 위해 광산 소유자들과 농장주들은 그들의 수익 중 일부분을 나무로 된 성인들의 빈 조각상 안에 넣어놓았었다. 그들 중 대부분은 다른 지방에 사는 친척들에게 보내졌고, 심지어는 선물인 것처럼 꾸며서 포르투갈까지도 보내졌다.

의미 의심스러운 성격의 사람

⊠ 113 **sexo forte**

직역 강한 성

유래 남성과 여성을 이분법으로 구분할 때, 강한 성은 남성이다. 여성은 belo sexo(아름다운 성)으로 표현한다.

의미 남성

⊠ 114 **surdo como uma porta**

직역 문처럼 귀먹은

유래 1350년에 한 문헌에서 사용되었는데, 그 이전부터 이미 구어에서는 일반적으로 '문처럼 귀먹은' 대신 '문처럼 죽은'이라고 말하곤 했다. 하지만 사실 이 문구가 만들어진 진짜 이유에 대한 제대로 된 설명은 없다. 1818년 Johnson의 영어사전 개정판에서는 다음과 같이 설명하고 있다. 못은 너무 딱딱했고 문에 고정시키기 위해 무수히 많은 망치질을 했으며 그 일이 끝나면 못은 죽음의 상태였다고 설명한다. '귀먹은' 이란 어휘는 16세기에 처음 나타났다.

의미 귀머거리, 잘 알아듣지 못하는 사람

3. 상황, 상태 및 감정 표현

⊠ 115　A cavalo dado não se olham os dentes.

직역　선물로 받은 말은 이빨을 보지 마라.

유래　말의 나이를 알아내려는 시도에서 나왔다. 동물이 늙었는지를 알아보는 가장 주된 방법은 동물의 이빨을 살펴보는 것이다. 말 주인은 말의 나이를 숨기려 하지만 치열에 의해 말의 나이를 확인할 수 있다. 따라서 말을 선물로 받더라도 이빨을 보지 말아야 한다. 즉 이미 선물이 무료로 제공된 이상, 선물이 오래되었거나 문제가 있다는 것을 밝히려 하지 않는 것이 좋다. 또 다른 버전으론, 트로이의 목마와 함께 들어온 표현이다. 사실 브라질에서는 나폴레옹에 쫓겨 브라질에 온 Dom João 6세 시대에 대중적인 표현이 되었다. 당시 왕의 측근들은 말을 주고 리우데자네이루의 가장 좋은 집들을 차지했었다. 최악의 상태에 있는 말들이 거래에 사용되었으며 거래를 한 사람들에게 이러한 말을 하였다. 영어로는 Never look a gift horse in the mouth.

의미　선물에 대해 흠을 잡지 마라.

⊠ 116　amarrar a cara

직역　얼굴을 묶다.

유래　1793년 1월 프랑스의 왕 루이 16세는 유죄선고를 받고 단두대에서 참수되었다. 당시 의식을 보지 않으려고 그의 얼굴을 묶도록 요구했다. 이렇게 함으로써 그 상황에 화가 나 있음을 표현했다.

의미　화가 나다.

⊠ 117　amarrar o bode

직역 염소를 묶다.

유래 묶여 있는 염소를 본 적이 있다면 얼마나 짐승처럼 변하는지 알 수 있다.

의미 엄청나게 화가 나 있다.

⊠ 118 aos trancos e barrancos

직역 말의 점프와 절벽으로

유래 tranco는 말의 점프 혹은 갑작스러운 타격, barranco는 홍수로 생긴 웅덩이, 강의 골짜기, 절벽이란 의미이다. 모두 위험하고 어려운 상황에 해당한다.

의미 어떻게든 어렵게

⊠ 119 arrastar a asa

직역 날개를 잡아당기다.

유래 수탉이 암탉에게 구애할 때 자신의 방향으로 날개를 잡아당기는 행동을 한다. 사람도 성적으로 끌리는 이성을 만나면 자신의 몸 쪽으로 끌어당겨 껴안고 싶어 한다.

의미 어떤 사람에게 끌리다, 연애하다.

⊠ 120 batata quente

직역 뜨거운 감자

유래 로마인들은 콜로세움에 기독교인들을 묶어 놓고 사자를 풀어 무자

비하게 죽였다. 사자를 풀기 전에 '뜨거운 감자'라고 불리는 의식이 진행되었다. 노예들이 뜨거운 감자를 사자의 입안에 넣었고, 사자는 화가 난 상태에서 의식을 치르게 되었다. 뜨거운 감자를 입에 문 짐승과 대항하는 것은 진정 해결하기 힘든 일이다.

의미 어려운 문제, 복잡한 상황

⊠ 121 **bater as botas**

직역 부츠를 때리다.

유래 파라과이 전쟁에 참여하게 된 흑인 노예들은 한 번도 신어 본 적이 없는 전투화를 신게 되었다. 적들로부터 도망을 가는 상황에서 전투화끼리 부딪히며 넘어져 적에게 쉽게 잡혀 죽게 되었다.

의미 죽다.

⊠ 122 **cair do cavalo**

직역 말에서 떨어지다.

유래 기대했던 대회에서 말의 기수가 달리다 떨어져 부상을 당하며 경기가 끝났다.

의미 좋은 결과를 기대했는데 일이 잘못 되다. 좌절하다.

⊠ 123 **camisa de onze varas**

직역 11개 막대기의 셔츠

유래 19세기 영국에서는 사형을 선고받은 사람들이 11개의 검은 색 줄무늬가 있는 셔츠를 입었다. 이러한 유니폼이 유럽으로 전 세계로

확산되었다. vara는 1.1 미터 짜리 길이 측정 단위이기도 했다.

> **의미** 어려운 상황

☒ 124 cara de bunda

> **직역** 엉덩이 얼굴

> **유래** 동양에서 온 표현으로 원래는 cara de buda(부처님의 얼굴) 이
> 었으나 브라질 사람들은 부처님의 그런 명상하는 인상을 엉덩이
> (bunda) 같은 얼굴이라 생각하였기에 표현이 변화되었다.

> **의미** 무표정한 얼굴, 굳은 얼굴

☒ 125 casa da mãe Joana

> **직역** Joana 엄마의 집

> **유래** 나폴리의 여왕이고 프로방스의 백작부인인 조안나(1326-1382)는
> 1347년 난민들이 살던 아비뇽에 사창가를 지정하여 자유롭게 드
> 나들도록 했다. 포르투갈에서는 표현이 paço da mãe Joana로 알
> 려졌는데, 브라질로 오면서 paço(장소)가 casa(집)로 변화되었다.

> **의미** 누구나 들어갈 수 있고 모든 게 허용되는 곳, 난잡한 곳

☒ 126 chá de cadeira

> **직역** 의자의 차

> **유래** 젊은 여자들이 무도회에서 함께 춤을 추자는 제의가 오지 않을 때
> 계속 차만 마시던 시절에서 유래했다. 요즘 같았으면 uísque de
> cadeira(의자의 위스키)라고 했을 법하다.

> **의미** 오랜 기다림

⊠ 127 **chegar de mãos abanando**

> **직역** 손을 흔들며 도착하다.

> **유래** 19세기 말 브라질의 커피 농장에 일하러 들어온 이민자들은 일하기 위해 기구를 가져와야 했다. 손에 아무 것도 들고 오지 않은 사람은 되돌아갔을 것이다.

> **의미** 빈손으로 도착하다. 선물 없이 돌아오다.

⊠ 128 **chorar as pitangas**

> **직역** pitanga를 흘리다.

> **유래** pitanga는 '빨강'을 뜻하는 뚜삐어 pyrang에서 유래되었다. 이것은 붉은색의 달고 향기 나는 열매인데, 그 열매의 잎은 유독성이 있어 수확을 하다보면 눈물을 흘리게 할 정도이다.

> **의미** 눈이 빨개질 때까지 울다.

⊠ 129 **chover canivetes**

> **직역** 면도칼 비가 내리다.

> **유래** canivete는 16세기 태국, 방콕에서 Khan Yi Viet라는 철물공에 의하여 발명되어 그의 이름을 딴 '면도칼'이란 의미의 어휘이다. 아시아와 유럽으로 거대한 양의 면도칼이 비가 쏟아지듯 들어오면서 발생한 표현이다.

> **의미** 강하게 비가 내리다.

⊠ 130 **com o cu na mão**

직역 항문을 손에 대고

유래 너무 무서우면 변을 보고 싶은 충동이 느껴진다. 그렇게 절박한 상황에서는 똥을 쌌는지 확인하기 위해 손을 항문에 대어본다.

의미 너무 무서운

⊠ 131 **custar os olhos da cara**

직역 사람의 눈 값이다.

유래 고대의 야만적 관습에 기원을 두고 있다. 로마 작가 Plauto는 이 표현을 그의 작품 130편 중 하나에 처음 기록한 작가 중 한 명이다. 사람의 눈과 시력은 매우 중요한 것으로 간주되었기 때문에 위험하다고 생각되는 사람들, 퇴역군주, 전쟁포로, 기타 여러 종류의 적들의 눈은 습격이나 전투 후에 강제로 뽑혔다. 승자들은 이 방법을 통해 패배자들이 복수할 기회가 거의 없으며 자신들에게 해가 되지 않을 것이라 믿었다.

의미 매우 비싸다.

⊠ 132 **dar uma colher de chá**

직역 티스푼을 주다.

유래 차는 부드러운 음료이기 때문에 자주 환자들에게 제공된다. 그러므로 티스푼을 준다는 것은 어려운 사람에게 도움을 준다는 의미로 사용되었다.

의미 어려운 상황을 쉽게 만들다.

☒ 133 **dia D**

> **직역** D day
>
> **유래** 2차 세계대전에서 연합군들이 독일군이 점령한 노르망디 지역을 습격할 준비를 하고 있던 때, 연합군은 계획을 절대 비밀로 유지하기 위해 날을 D로, 시간을 H로 기록하면서 유래하였다.
>
> **의미** 작업을 실행하기 위해 결정된 날

☒ 134 **do arco-da-velha**

> **직역** 오래된 활의, 무지개의
>
> **유래** 무지개의 마법적인 성질에 대해 많은 전설들이 존재한다.
>
> **의미** 믿을 수 없는

☒ 135 **do pó vieste e ao pó retornarás**

> **직역** 너는 먼지로부터 왔고 먼지로 돌아갈 것이다.
>
> **유래** 라틴어 memento homo, quia pulvis es, et in pulverem reverteris(기억하라, 당신은 먼지이며 먼지로 돌아갈 것이다)에서 유래되었다.
>
> **의미** 사람은 태어나서 모두 죽는다.

☒ 136 **Domingo pede cachimbo.**

> **직역** 일요일은 담뱃대를 요구한다.
>
> **유래** 영국에서 유래한 표현으로, 영국의 의사이자 소설가인 코난 도일

(Conan Doyle)이 셜록 홈즈(Sherlock Holmes)의 입을 통해 많이 쓰던 말이다.

의미 일요일은 쉬는 날, 좋은 담배를 한 대 피는 날이다.

☒ 137 **dor de cotovelo**

직역 팔꿈치 통증

유래 사람이 사랑으로 인해 고통 받고 있는 상황을 상상해 본다. 테이블에 팔꿈치를 대고 머리를 받치고 울면서 있다. 시간이 흐르며 당연히 팔꿈치에 통증이 온다.

의미 질투, 시기

☒ 138 **Ele está numa reunião.**

직역 그는 회의 중이다.

유래 첫 번째 기록은 1954년 8월 24일 새벽에 Gregória Fortunato가 Catete에 전화했을 때, Getúlio는 회의 중이었다. 이 경우에만 사실이었고, 일반적으로 대화를 피하고 싶을 때 비서들이 선호하는 문구이다.

의미 그는 당신을 응대하고 싶지 않다.

☒ 139 **estar com larica**

직역 larica와 함께 있다.

유래 18세기 후반, 리우데자네이루에 살았던 포르투갈인 Maria Candelária Larica는 독특한 생각으로 큰 성공을 거둔 사람이다.

도시 전체에 포르투갈 단과자, 특히 quindim(낑징) 전문점을 열었
는데, 항상 손님들에게 당시엔 금지되지 않았던 대마초를 먼저 제
공하여 손님들이 대마초를 피고나면 단 것을 마구 먹고 싶도록 만
들었다고 한다. 그 상점의 이름이 Larica였으며, 그 상점의 이름에
서 표현을 가져왔다.

의미 몹시 배고프다.

☒ 140 **estar de paquete**

직역 배에 있다.

유래 paquete는 한 달마다 정기적으로 들어오는 배이다. 1810년부터
한 배가 매달 같은 날에 리우데자네이루에 도착했다. 그리고 잉글
랜드의 빨간 국기는 펄럭였다. 그리고 여성들은 paquete를 기다렸
는데 배가 새로운 소식을 가져왔기 때문이다. 이런 연유로 이러한
표현이 통속화되어 쓰이게 되었다.

의미 생리중이다.

☒ 141 **estar na onda**

직역 파도(전파)에 있다.

유래 라디오가 발명되던 때 이 표현이 시작되었다. 처음에는 결코 쉽지
않았던 공중의 전파 신호를 잡는 것에 성공했을 때 사람들은 신이
났다.

의미 유행이다. 인기이다.

☒ 142 **favas contadas**

직역 카운트된 콩

유래 예전에는 콩을 간단한 수학적 연산에 쓰기도 했다. 전자투표함이 나오기 한참 전에는 흰 콩과 검은 콩을 함에 넣어 투표에 활용하였다. 어느 단체에서는 비밀투표에서 흰 콩을 찬성표로 사용하였고, 또 다른 단체에서는 껍질을 벗긴 콩과 벗기기 않은 콩을 투표에 사용하기도 했다. 콩을 세는 것은 개표를 의미한다. 따라서 '카운트된 콩'은 투표의 결과로서 어떤 문제가 결정되었음을 의미하고, 포르투갈에서는 16세기에 이런 의미로 사용되었다. Aurélio는 검은 콩을 반대의 의미로 기록하였다.

의미 계획대로 된 일, 결정된 일

⊠ 143 ficar em papos de aranha

직역 거미의 입에 있다.

유래 ficar em palpos de aranha(거미의 촉수에 있다)라고도 한다. palpo는 라틴어 palpu(애무)에서 유래했고, 곤충의 턱과 입술의 돌기란 의미도 있다. 거미줄에 걸려 있는 상황으로 인식된다.

의미 어려운 상황에 처해 있다.

⊠ 144 fogo de palha

직역 짚의 불

유래 palha(짚)에 붙은 불은 타오르지 못하고 금방 꺼져버린다. 여기서 palha는 불량 대마초로, 일시적으로 태워질 뿐 좋은 상황으로 인도해 주지는 못한다.

의미 지속되지 못하는 열정

☒ 145 gosto de cabo de guarda-chuva

직역 우산 손잡이의 맛

유래 Cabo Verde의 작가이자 우산 전문가인 Germano Almeida가 그의 소설 O Testamento do Sr. Napumoceno da Silva Araújo에서 우산 손잡이 맛을 알고 있다고 말했다. 한 등장인물이 사랑하는 여인의 성기 속에 우산의 손잡이를 집어넣었다 빼서 손잡이를 빨아본 것이다.

의미 고약한 입 냄새

☒ 146 Inês é morta.

직역 이네스는 죽었다.

유래 이네스 지 가스뜨루(Inês de Castro, 1320-55)는 Dom Pedro (1320-67)왕자와 사랑하는 사이였으며 슬하에 3명의 자녀를 두었으나, Dom Afonso 4세의 명령에 따라 그녀는 참수형에 처해졌다. 이후 Pedro가 포르투갈의 여덟 번째 왕이 되자, 그는 이네스의 심장을 뽑아 간 암살자 세 명을 죽이라고 명령했다. 이네스의 장례식 행렬에서 왕은 모든 귀족들에게 시체의 손에 키스를 하도록 했고, 전 애인인 이네스에게 계속 여왕의 칭호를 부여했다. 하지만 늦은 경의를 표하는 것은 그녀가 이미 죽었기 때문에 더 이상 아무런 소용이 없었다. 이 인물은 카몽이스의 작품 루지아다스에서 유명해졌다.

의미 더 이상 소용없다.

☒ 147 Isso para mim é grego.

직역 이것이 내겐 그리스어다.

유래 라틴어 do graecum est, non legitor의 의미인 '그리스어임, 읽지 못함'에서 유래된 말이다. 트로이의 목마가 군인으로 가득한 적들의 땅으로 들어갔을 때 유명해진 말이다. 그 때 말의 가슴팍에는 그리스어로 한 문장의 상스러운 욕이 써져 있었지만 적들은 그리스어를 알지 못했다. 만약 적군들이 그리스어를 알았었더라면 그 선물을 받지 않았을 것이다.

의미 **전혀 이해하지 못하다.**

☒ 148 **lua de mel**

직역 꿀의 달

유래 4000년 전 바빌론의 주민들은 결혼 후 첫 한 달 내내 신혼을 기념했다. 이 기간 동안 신부의 아버지는 사위에게 발효된 꿀로 만든 술인 꿀물을 줘야했다. 그들은 음력에 따른 시간을 사용했기 때문에, 이러한 신혼여행 기간은 꿀의 달로 알려지게 되었다.

의미 **신혼여행**

☒ 149 **meia tigela**

직역 반쪽짜리 사발

유래 포르투갈 왕정에서 가사 일은 궁전에 사는 소년들에 의해 행하여졌다. 새로운 소년들이 시골에서 궁전으로 오면 이미 거기에 있었던 소년들은 그들에게 '반쪽짜리 사발의 귀족'이라고 부르곤 했다. 왜냐하면 새로 온 사람들은 거처에 대한 권리는 없고 단지 음식에 대한 권리만 있었기 때문이다.

의미 가치가 없거나 중요하지 않은 것, 시시한 것

☒ 150 **não cheirar bem**

직역 좋은 냄새가 나지 않는다.

유래 여기서 냄새란 정확성의 신호로 간주된다. 많은 선한 사람들은 성스러운 향기 속에서 죽었다고 말한다. Santa Teresa de Ávila와 같이 지옥에 대한 생각을 가지고 있는 성인들은 항상 장소의 나쁜 냄새에 대해 언급했다. 이 표현은 17세기에 포르투갈에서 유래하였다.

의미 뭔가 잘못 되었다. 의심스럽다.

☒ 151 **Não tenho nada a ver com o peixe.**

직역 나는 물고기와 아무 관련이 없다.

유래 Santa Catarina의 연방하원의원이었던 Arthur da Fonseca Peixe는 부패 스캔들에 연루되었는데, 이는 브라질 정치 역사상 거의 최초의 스캔들 중 하나여서 당시 신문에도 대서특필 되었다. Peixe에 대한 의회 조사위원회가 열렸다. 그리고 다른 모든 용의선상의 하원의원들은 Peixe와 아무런 관련이 없다고 말했다. 이것은 Rocha Pereira의 리우데자네이루 시대 의회 연보에 실렸다.

의미 나는 그 일과 아무 관련이 없다.

☒ 152 **no fio da navalha**

직역 면도날

유래 영국 작가 William Somerset Maugham의 책 이름, The razor's edge를 문자 그대로 포르투갈어로 번역한 것이다. 이 책은 1차 세계대전에서 귀환한 뒤 시카고에서 평범한 삶으로 돌아가는 것과 자신을 찾기 위해 정처 없이 돌아다니는 것 사이에서 주저하는 한 청년에 대한 이야기이다. 하지만 면도날 위를 걷는다는 비유적 표현은 호메로스의 일리아스에서 이미 쓰였다.

의미 결정적인 순간, 고뇌의 순간

⊠ 153 **O amor é cego.**

직역 사랑은 눈먼 것이다.

유래 논쟁의 여지가 있지만 이 표현은 미국 로스앤젤레스 지역에서 온 것으로 본다. 이 문구는 시각 장애인 가수 레이 찰스(Ray Charles) 혹은 스티비 원더(Stevie Wonder)에서 기인한다고 본다.

의미 사랑하는 사람의 결점을 보지 못하는 사람. 다른 조건의 (굉장히 못생기거나 가난한) 사람과 결혼하는 사람의 상태.

⊠ 154 **O mar não está para peixe.**

직역 바다가 물고기를 위해 있지 않다.

유래 18세기 전반기 터키의 황제였던 Omar 2세는 아주 사나웠고 물고기를 싫어했다. 그는 한 도시를 정복하고 환영의 의미로 물고기를 제공받자 매우 화를 냈다. 그래서 "Omar는 물고기를 위해 있지 않다"고 앞에 나가서 항상 알리는 군인이 한 명 있었다.

의미 상황이 좋지 않다.

☒ 155 **olho da rua**

> **직역** 거리의 눈

> **유래** 간첩, 스파이와 같이 거리에도 눈이 있다. 누군가를 '거리의 눈'에 게 보내는 것은 그를 위험에 노출시키는 것이다.

> **의미** 누군가가 보내지는 불확실한 장소

☒ 156 **pedir penico**

> **직역** 요강을 요구하다.

> **유래** 위험하거나 큰 결정을 내려야 하는 결정적인 상황에 바지에 오줌 을 싸는 사람들이 있다.

> **의미** 겁먹다. 무서워하다.

☒ 157 **Perdi o meu latim.**

> **직역** 나의 라틴어만 잃었다.

> **유래** 초기 예수회 선교사들이 포르투갈어로 원주민 인디오들과 대화를 시도했으나 잘 되지 않자 라틴어로 말한다면 대화가 더 쉽지 않을 까라고 생각했다. 하지만 인디오들은 알아듣지 못했기에 쓸데없 이 라틴어를 말한다고 시간만 허비하였다. 같은 의미로 gastar o latim(라틴어를 소비하다)도 사용된다.

> **의미** 시간만 낭비하며 쓸 데 없이 얘기하다.

☒ 158 **ponta de iceberg**

직역 빙산의 일각

유래 눈에 보이는 빙산의 윗부분은 물속에 남아있는 얼음 조각에 비해 매우 작다. 타이타닉 호는 빙산의 희생자였다. 1912년 4월 14일, 배는 거대한 얼음 조각과 충돌하여 침몰했다. 이로 인해 1,513명의 승객이 사망하였다.

의미 아주 작은 부분, 빙산의 일각

⊠ 159 **pulo do gato**

직역 고양이의 점프

유래 작가인 Silvio Romero에 따르면, 이 표현은 미나스제라이스의 한 우화에서 유래하였다. 표범은 항상 고양이의 민첩성에 크게 감탄하였고, 고양이에게 수업을 해달라고 했다. 고양이는 그 아이디어가 훌륭하다고 생각하고 표범을 가르치기 시작했다. 이미 모든 것을 알았다고 생각한 표범은 고양이를 잡아먹기 위해 공격하려고 했는데 고양이는 쉽게 사라졌다. 며칠 뒤, 고양이를 마주치자 표범이 물었다. "친구, 그 점프는 나에게 가르쳐주지 않았는데…" 영리한 고양이가 대답했다. "나를 지금까지 살아있게 해준 게 바로 그거라네". 직업적으로 볼 때 견습생에게 모든 것을 가르쳐주면 자신의 자리를 잃을 수도 있다.

의미 직업상의 비밀

⊠ 160 **Quem foi a Portugal perdeu o lugar.**

직역 포르투갈로 간 사람은 자리를 잃었다.

유래 리우데자네이루와 상파울루에서 일한 포르투갈의 제빵사들에 의해 만들어진 표현이다. 그들과 일하려고 포르투갈에서 막 들어온 이민자들이 고국을 그리워할 때, 제빵사들은 포르투갈에 가게 되면, 자리를 잃는다고 말하곤 했다.

> **의미** 당신이 어떤 자리에서 나가면 다른 사람이 그 자리에 들어간다.

☒ 161 Quem semeia vento colhe tempestade.

> **직역** 바람을 뿌리는 사람은 폭풍을 거둔다.

> **유래** 셰익스피어가 집필한 책 템페스트(tempestade)의 첫 구절이다.

> **의미** 말썽을 부린 사람은 잘못될 수 있다.

☒ 162 salvo pelo gongo

> **직역** 공에 의해 구출된

> **유래** 17세기 영국에서 원저궁 경호원이 그의 책임구역에서 잠을 잤다는 중대한 잘못으로 인해 기소되었다. 그는 자신이 깨어 있었다는 증거를 제시했다. 그는 고소인들에게 교회에서 울리는 종소리를 자정에 13번 들었다고 말했다. 그리고 그는 석방되었다. 이 때문에 누군가 위험한 상황에서 마지막 순간에 구출될 때 이런 표현을 사용한다. 이 표현은 권투 시합에서 자주 사용되는데, 라운드에서 계속 얻어맞던 선수는 공이 울려야 그만 맞을 수 있다. 즉 공이 살렸다는 표현을 사용한다.

> **의미** 위험한 상황에서 벗어난

☒ 163 Saúde!

> **직역** 건강

유래 누군가 재채기를 하면 '건강!'이라고 말한다. Jean Chevalier와 Alain Gheerbrant의 기호사전에 따르면, 인간의 역사에서는 재채기와 관련하여 사건의 발생 장소에 따라 행운이나 불운의 의미가 있다. 어떤 사람들은 재채기가 나는 것이 인간의 몸에서 영혼을 빼내기 위해 악마가 코를 간지럽히기 때문이라고 믿었다. 북유럽 최북부에 살던 사람들은 재채기를 하는 사람에게 'Boa sorte(행운을 빈다)'라고 처음 말했다. 그들은 심한 재채기가 죽음까지 불러올 수도 있다고 믿었다. 이와 같은 의미로, '건강', '신의 축복이 있기를' 같은 다른 표현이 다른 문화권에서 나중에 생겨났다.

의미 (재채기를 한 상대방에게 해주는 말로) 건강하길!

⊠ 164 Se fodeu em verde-e-amarelo.

직역 녹색과 노랑에서 잘못되었다.

유래 1950년 7월, 브라질 월드컵에서 유래하였다. 녹색과 노랑은 브라질의 국기 색깔로 대표 팀을 의미한다. 당시 마라카낭 경기장에서 있었던 마지막 경기에서 비기기만 해도 우승이었던 브라질이 우루과이에게 2대1로 역전패를 당했을 때 나온 말이다. '마라카낭의 비극'이란 말이 나온 시기이기도 하다.

의미 모든 게 잘못되었다.

⊠ 165 sem eira nem beira

직역 eira도 beira도 없이

유래 이 말은 건축에 기원을 두고 있다. 식민지 시대에, 포르투갈의 부유한 집에는 비가 들치지 않도록 막아주는 eira라고 불리는 작은 처마가 있었다. 더 고친 건축물은 eira에 조금 더 정교하게 그림을

채운 beira를 가지고 있었다. 따라서 브라질 식민시대에 돈이 많이 없는 사람들은 eira와 beira가 없는 집을 지을 수밖에 없었다.

의미 아무것도 없는, 가난한

☒ 166 Será o Benedito?

직역 Benedito 일까?

유래 1933년 Getúlio Vargas 대통령은 미나스제라이스의 감사원을 선택하는 데 매우 주저하였다. 대통령이 최악의 후보자인 Benedito Valadares를 뽑을까봐 모두 두려워하였다. 그래서 주민들은 "Benedito일까?"라고 물어보곤 했다. 실제로 Benedito가 뽑혔다.

의미 마음에 들지 않는 상황

☒ 167 Tá ruço!

직역 짙은 안개가 꼈다.

유래 리우데자네이루의 페트로폴리스에서 생겨난 표현이다. 무언가 어려운 것을 암시한다. ruço는 겨울의 오후에 도시에 내려앉은 짙은 안개를 말한다.

의미 어려운 상황이다.

☒ 168 tapar o sol com a peneira

직역 체로 태양을 가리다.

유래 태양의 신으로부터 유래한 표현이다. 그는 파라솔과 체를 발명했다. 태양이 약할 때 그는 체를 사용하곤 했다. 그는 켈로이드 피부

가진 것을 숨기고 싶어 했지만 그러지 못했다.

의미 명확한 것은 숨길 수 없다.

⊠ 169 **Tem boi na linha.**

직역 선에 황소가 있다.

유래 여기서 선은 기찻길을 의미하는 것이 자연스럽다. 도로에 측면 울타리가 없었던 옛날에는 기찻길에 황소가 있는 것이 매우 일반적이었다.

의미 복잡한 상황이다.

⊠ 170 **tempo do onça**

직역 표범의 시대

유래 1725년에서 1732년까지 리우데자네이루는 표범이라는 별명을 가진 Luís Vahia Monteiro에게 통치되었다. 그래서 리우 사람들은 오래 전에 있었던 일을 말할 때 '표범의 시대'에 있었던 일이라고 말했다. 당시 또 다른 '표범', Pernambuco의 경찰서장도 있었는데 그도 역시 18세기에 살았고 용감하고 성질이 포악해 별명이 '표범'이었다. 또 다른 버전도 있다. 1755년 11월 1일 토요일, 포르투갈 왕국에 전대미문의 대지진이 발생했다. 지진에 뒤따른 화재와 해일로 리스본과 그 주변 지역이 거의 파괴되었다. 대지진으로 많은 사람들이 죽었기에 포르투갈 사람들은 오랜 기간 동안 지진에 대한 얘기를 꺼내지 않았다. 누군가가 그 재앙을 상기시키면, 곧 다른 사람이 '그건 표범의 시대 얘기'라며 주제를 바꿨다. 표범은 대지진 이후 리스본을 재건한 Marquês de Pombal의 별명이었다.

의미 아주 오래된 얘기, 옛날 얘기

⊠ 171　tirar o cu da seringa

직역 주사기로부터 엉덩이를 빼다. 관장기로부터 항문을 빼다.

유래 포르투갈에서 유래하였다. 거기서는 주사와 주사기를 pica라고 부른다. 그래서 원래 표현은 tirar o cu da pica이었다가, 나중에 브라질 번역본에서 pica가 seringa로 변하였다.

의미 곤란한 상황에서 벗어나다.

⊠ 172　tirar o pé da lama

직역 수렁에서 발을 빼다.

유래 Lama는 불교의 승려이다. 젊은 수도승들이 길고 긴 명상의 시간에서 벗어나고 싶을 때, Lama에서 발을 빼서 놀러가고 싶다고 말하곤 했다.

의미 잘 되다. (재정적으로) 회복하다.

⊠ 173　tomar chá de sumiço

직역 실종의 차를 마시다.

유래 아르헨티나의 군부독재 시절, 군인들은 테러리스트에게 차를 주는 것이 일반적이었는데, 한 모금만 나시면 질식사를 하곤 했다.

의미 없어지다. 사라지다.

⊠ 174　um é pouco, dois é bom, três é demais

직역 하나는 적고, 둘은 좋으며, 셋은 너무 많다.

유래 어휘의 유래에 대해 연구한 작가 Deonísio da Silva에 따르면, 이 문구는 20세기 브라질 음악가 Heckel Tavares(1896-1969)가 만든 노래를 통해 유명해졌다. 가사 중에는 'caboclo(백인과 인디오의 혼혈아)의 집에서 한 명은 적고, 두 명은 좋으며, 세 명은 너무 많다'는 구절이 있다. 이 표현은 비교적 최근 나타났지만, 이미 구약성서에 친밀한 논의를 할 때 세 사람은 너무 많은 인원이라는 말도 있다.

의미 모자라거나 과한 거 말고 중간이 좋다. 뭔가를 하려면 두 명이 좋다.

☒ 175 uma luz no fim do túnel

직역 터널 끝의 불빛

유래 미국 오하이오 주 출신의 토마스 에디슨(1847-1931)은 어둠 속에서 일하는 것을 좋아했다. 결국 그는 전구를 발명하려고 했다. 그의 실험실은 그의 집 아래의 터널이었다. 1878년 31세의 나이에 그는 빛을 얻었다. 그는 발명품을 보여주려고 도시의 모든 권위 있는 사람들을 데려갔다. 그 문구는 당시 시장 Garry Shirts로부터 유래하였다. "터널의 끝에서 불빛을 본다. 상황이 좋아지기 시작하고 있다."

의미 좋아지기 시작하는 상황

☒ 176 uma pedra no sapato

직역 구두에 돌 하나

유래 신장은 구두의 모양을 가지고 있다. 모잠비크에서는 신장을 구두라고 부르곤 한다. 그래서 신장에 있는 돌을 구두에 있는 돌이라고 말한다.

의미 큰 불편

☒ 177　vale o quanto pesa

직역　무게가 나가는 만큼의 가치가 있다.

유래　브라질에서 노예 거래가 이루어지던 시대에 생겨났다고 전해진다. 흑인 여성들은 그들의 아름다움에 따라 협상 되었지만 남성은 힘을 보여주는 나이와 체중에 따라 가치가 달랐다. 협상이 완료되기 전에는 그들의 체중을 재기 위한 개별 저울이 있었다.

의미　(사람이나 물건의) 가치가 높다.

☒ 178　ver o sol nascer quadrado

직역　네모진 일출을 보다.

유래　나폴레옹 보나파르트(1769-1821)는 태양에 대한 숭배가 있었다. 그가 체포되어 세인트헬레나 섬으로 보내졌을 때, 사람들은 나폴레옹의 성질을 돋우기 위해 독방의 창을 네모나게 만들었다. 전에는 창이 세로로 되어 있었다. 나폴레옹이 네모진 일출을 보도록 한 것이었고, 이것을 그를 아주 화나게 했다.

의미　수감되다.

☒ 179　Viva!

직역　만세!

유래　상대방에게 영원히 무궁하길 빌어주는 표현으로 브라질 식민시대에 이미 사용 기록이 있다.

의미　(장수와 성공을 바라는 표현, 강한 기쁨의 표현) 만세!

4. 행동, 태도 및 방법 표현

⊠ 180 **A fé move montanhas.**

> **직역** 믿음은 산을 움직인다.

> **유래** 여기서 fé는 초기에 FED(Federal Enterprise Dynamite)로 쓰였던 것이다. FED는 미나스제라이스의 금주기 시대에 Vila Rica, 즉 현재의 Ouro Preto에서 산을 다이너마이트로 폭파시키기 위해 정부에 의하여 고용된 회사였다. 즉 FED가 실제로 산을 움직이곤 했다. 표현이 나중에 fé로 바뀌었다.

> **의미** 믿음이 있으면 모든 일이 이루어진다.

⊠ 181 **a toque de caixa**

> **직역** 통의 두드림으로

> **유래** 과거 포르투갈에서는 술주정뱅이, 부랑자, 도둑들을 추방하는 것이 일상이었는데, 그럴 때는 주민들의 주의를 끌기 위해 북을 치며 쫓아내었다.

> **의미** 바로, 급하게

⊠ 182 **abafar a banca**

> **직역** 배심원을 질식시키다.

> **유래** 이탈리아 의회의 초대 여성의원 중 한명으로 페미니스트였던 Bianca Baragatti는 의회에서 원하는 말을 다 쏟아냈다. 남성들은 완벽하게 논쟁에서 승리하는 그녀의 입을 닫고 싶어 했다. 원래 표현은 Bianca였으나 banca로 변화하였다.

> **의미** 확실하게 이기다.

⊠ 183 andar à toa

직역 끌리는 밧줄처럼 걷다.

유래 toa는 영어의 tow에서 유래된 어휘로 배를 견인할 때 쓰는 밧줄이다. 밧줄에 의하여 배가 끌리는 상태에서 배의 선원들은 아무 것도 할 일이 없다. 그러므로 à toa 상태는 노력 없이 그냥 되는 것이다.

의미 그냥 걷다.

⊠ 184 ao pé do ouvido

직역 귀 가까이에

유래 원래 표현은 ao pé do Ovídio(오비디우스 가까이에)이었다. 소아성애자이며 동성애자였던 로마의 시인 오비디우스는 청소년을 위한 작은 시(poesia) 학교를 가지고 있었다. 야간 수업이 끝나면 아이들에게 비밀스럽게 작은 목소리로 이야기를 해주곤 했다. 그래서 부모님들은 자녀들이 항상 오비디우스 가까이에서 방탕해 지는 것에 항의하였다.

의미 비밀스럽게, 작은 목소리로

⊠ 185 aos quatro ventos / aos quatro cantos

직역 네 바람으로 / 네 구석으로

유래 선풍기는 15세기 말 한 이탈리아인에 의하여 발명되었는데 당시에는 물레방아를 사용하여 물로 움직였다. 할머니 방의 네 구석을 모두 시원하게 하려했던 한 젊은이는 방을 온통 물난리로 만들기도 하였다.

의미 사방으로, 모두에게

☒ 186 **arranca rabo**

직역 꼬리 뽑기

유래 과거 이집트 전사들은 그들의 힘을 과시하고 명성을 얻기 위해 적들의 말의 꼬리를 뽑았었다. 이러한 관습은 브라질로 들어와 북동부의 강도들이 농장주의 가축들에게 그대로 따라하곤 했다.

의미 싸움, 다툼

☒ 187 **bater boca**

직역 입을 때리다.

유래 1946년 리우데자네이루의 São Januário 경기장에서 Vasco와 Fluminense의 경기가 있었다. 양 팀의 선수들이 터널 모양의 출입구(boca do túnel)를 통하여 경기장으로 함께 입장할 때, 티격태격 다투다 큰 싸움이 되었다. boca do túnel에서 bater(때리기)를 한 것이다. 그때부터 팀들은 각각 따로 경기장에 입장하게 되었다.

의미 다투다. 싸우다.

☒ 188 **bater caixa**

직역 창구를 때리다.

유래 예전 은행에는 지금처럼 고객이 많지 않았었다. 그래서 한 고객이 창구에 가면 다른 고객이 올 때 까지 직원들과 잡담을 하곤 했다.

의미 잡담을 하다. 수다를 떨다.

⊠ 189 **bater na madeira**

직역 나무에 때리다.

유래 브라질의 발견시대로부터 나온 말이다. 포르투갈인은 브라질에서 경제적으로 엄청난 가치가 있는 pau-brasil(브라질나무)를 발견했다. 나무를 잘라 쓰러뜨리기 전에는 이것이 절대 고갈되지 않기를 바라며 나무에 손가락을 대고 두들기곤 했다. 우리가 수박을 고를 때 수박을 두들겨 보는 바로 그런 행동이다. 추후 사탕수수가 나왔을 때, 금이 나왔을 때도 손가락으로 두들기는 습관은 계속되었다.

의미 악운을 쫓아내다. 행운을 바라다.

⊠ 190 **botar as cartas na mesa**

직역 탁자에 카드를 놓다.

유래 트럼프 게임에서 유래하였다. 탁자에 카드를 놓는다는 의미는 다른 사람에게 손에 들고 있던 패를 밝히는 일이다.

의미 일을 명확히 밝히다.

⊠ 191 **brincar com fogo**

직역 불로 장난하다.

유래 프랑스 전쟁 당시 잔다르크의 엄마는 딸에게 불로 장난치는 일을 그만하라고 했지만 고집이 센 잔다르크는 엄마의 말을 듣지 않았다.

의미 위험한 일을 하다.

⊠ 192 cagar no pau

직역 페니스에 똥을 싸다.

유래 성관계시 사랑하는 사람에게 똥을 싸는 것은 최고로 경멸스러운 행동이다. 외설적인 상황에서 유래했으나 지금은 일반적인 상황에서 사용된다.

의미 큰 실수를 하다. 바보짓 하다.

⊠ 193 cair matando

직역 죽이면서 떨어지다.

유래 2차 세계대전 말기, 전투기에 폭탄을 싣고 자폭 공격하는 일본의 가미카제 특공대에서 유래하였다.

의미 모든 걸 걸고 가다.

⊠ 194 cair na gandaia

직역 쓰레기를 뒤지는 것에 빠지다.

유래 gandaia는 가치 있는 물건을 찾기 위해 쓰레기를 뒤지는 행위를 의미한다. 원래 표현은 cair no lixo(쓰레기통에 빠지다)라고 쓰였다.

의미 (폭음, 환락 등) 나쁜 습관에 빠지다.

⊠ 195 catar milho

직역 옥수수를 모으다.

유래 닭이 옥수수 모이를 먹을 때 한 알 한 알 천천히 쪼아 먹는 모습과

한 손가락으로 느리게 타이핑하는 모습의 유사성으로부터 유래한 표현이다.

의미 한 손가락으로 느리게 타이핑하다. 독수리 타법으로 치다.

☒ 196 chamar na chincha

직역 그물에 부르다.

유래 낚시할 때 물고기가 도망가지 않게 배 안으로 그물을 빨리 끌어 올리는 행위이다. 실제 사용에서는 chamar na xinxa라고도 쓴다.

의미 강하게 요구하다. 빠른 답을 요구하다.

☒ 197 chover no molhado

직역 젖은 곳에 비가 오다.

유래 비가 너무 와서 땅이 마를 새도 없이 계속 내리는 상황에서 포르투갈인들이 만들어 낸 표현이다.

의미 같은 일이나 같은 말을 쓸데없이 반복하다.

☒ 198 com o perdão da palavra

직역 단어의 용서와 함께

유래 다른 사람의 맘을 상하게 할 수 있는 내용을 말하기 전에 용서를 구하는 말 습관으로, 고대 로마시대부터 존재했던 이 습관은 지속되어 16세기에는 포르투갈어로 이와 유사한 표현이 기록되었다.

의미 미안한 말이지만...

⊠ 199 com unhas e dentes

직역 손톱과 이빨로

유래 로마시대에 손톱과 이빨은 인간의 첫 번째 무기였다. 포르투갈 극
작가 Gil Vicente의 1518년 희곡 Auto da barca do Purgatório
에서 이 표현을 사용했다. 손톱과 이빨로 싸우는 것은 뭔가를 얻기
위해 가능한 모든 수단을 사용한다는 의미이다.

의미 가능한 모든 수단으로

⊠ 200 comer até o cu fazer bico

직역 항문이 뾰족해질 때까지 먹다.

유래 1940년대 카니발에 나온 어떤 음악에서, "언젠가 항문이 뾰족해질
때까지 먹기 위해 부자가 되고 싶다"고 시작하는 노래가 있었다.

의미 엄청 많이 먹다.

⊠ 201 comer com os olhos

직역 눈으로 먹다.

유래 고대 로마시대의 어떤 종교의식의 연회에서는 신에게 음식을 바치
고 아무도 음식에 손을 대지 않았다. 모두 단지 쳐다만 보면서 식
사 자리에 참여했다.

의미 얻을 수 없는 어떤 것을 탐내다.

⊠ 202 cuspir no prato em que comeu

직역 먹은 접시에 침을 뱉다.

유래 중세시대 이베리아반도를 점령한 아랍인들로부터 유래했지만, 가장 일반적으로 사용하는 의미는 1924년 브라질 문학 아카데미에서 등록되었다. 조직의 창립자 중 한 사람으로 외교관이자 작가인 Graça Aranha는 한 컨퍼런스에서 "아카데미 설립은 실수였고 오류였다"고 주장했고, 다른 작가인 Coelho Neto는 "먹은 접시에 침을 뱉고 있다"라고 반박했다.

의미 배은망덕함을 보이다.

⊠ 203 **dar a vida**

직역 삶을 주다.

유래 수세기 전 헌신은 말 그대로 다른 사람이 잘 되도록 나를 희생하여 삶을 포기하기도 했다. 과거 로마에서는 로마인들이 전쟁에서 이기기 위해 영사가 죽은 것으로 알려져 있다. 몇 년 뒤, 같은 자리에 오른 그의 아들 또한 다른 전투 직전에 똑같은 행동을 했다. 그리고 그의 손자도 같은 길을 따랐다. 이는 곧 최고의 헌신과 사랑을 보여준다.

의미 사랑하다.

⊠ 204 **dar as caras**

직역 얼굴을 주다.

유래 1839년 John Herschel이 사진을 발명했을 때, 사람들의 얼굴들이 종이에 나타나서 모두를 놀라게 했다. 영국에서 Herschel에 의해 처음으로 사진 찍힌 사람에게 이런 표현이 창작되었다.

의미 어떤 곳에 나타나다.

⊠ 205 **dar murros em ponta de faca**

직역 칼날에 주먹을 때리다.

유래 1150년 Afonso Henriques가 포르투갈에서 무어인들을 영구적으로 추방하고 첫 번째 왕으로서 인정을 받았을 때, 그는 포르투갈 영토, 특히 Algarves 지역을 지키기 위해 대규모 군대를 설립하기로 결정했다. 하지만 소환된 사람들은 군대에 가기 싫었기에 적합하지 않은 사람으로 판정되기 위해서 칼날에 주먹을 때리곤 했다.

의미 불가능한 척 하다.

⊠ 206 **dar o passo maior que as pernas**

직역 다리보다 더 큰 걸음을 내딛다.

유래 원래는 passo(걸음)가 아니라 paço(광장)였다. 이는 미나스제라이스의 상인이 Ouro Preto에 아주 거대한 광장을 짓고 싶어 했던 건축가에게 한 말이다. 다리(지지대)가 거의 없는 매우 큰 장소가 될 것이고, Ouro Preto의 경제적 가능성을 뛰어 넘을 것이다. 이 문구는 1655년에 역사가 Albuquerque Jahu가 História dos Paços Mineiras e Outras Histórias das Minas Gerais에서 말했다.

의미 자신의 가능성을 뛰어 넘는 뭔가를 하려고 노력하다.

⊠ 207 **dar uma canja**

직역 닭죽을 주다.

유래 1960년대 Clube dos Amigos do Jazz라는 300명의 팬을 가진 클럽이 Camja라는 약자로 알려져 있었다. 연주를 할 때면, 'Camja에서 연주한다'라고 말했고, 시간이 지나면서 이 문장은 dar uma canja로 바뀌었다. 이후 클럽의 유명 음악가들과 팬들이 다른 장소에서 무료로 공연을 할 때, 이 표현을 쓰면서 대중화되었다.

의미 연주하다.

⊠ 208 **dar de mão beijada**

직역 키스된 손으로 주다.

유래 교황 앞에서, 왕이나 가장 부유한 귀족들은 먼저 그의 성스러운 손에 키스했다. 이어서 그들은 교회에 토지, 궁전, 또는 다른 재물들을 바쳤다. 이 표현은 교황 Paulo 4세에 의해 처음으로 사용되었다고 1555년의 문서에 기록되어 있다.

의미 무료로, 자발적으로 건네주다.

⊠ 209 **dar uma de João-sem-braço**

직역 팔 없는 João을 주다.

유래 작가 Deonísio da Silva에 따르면, 이 표현은 포르투갈 내란의 시대에서 나왔다. 부상을 당하거나 불구가 된 사람들은 일을 할 수도 없고 전쟁터로 다시 갈 수도 없었다. 팔이 하나 또는 두 개 다 없는 것처럼 행동하는 것은 일이나 다른 의무에서 벗어나기 위한 핑계였다. 이 표현은 다양한 상황에서 일할 수 없는 핑계를 대면서 일을 못하는 척 빠져나가는 사람들에게 적용되었다.

의미 뭔가를 하지 않으려고 핑계 대며 벗어나다.

☒ 210 Debaixo deste angu tem carne.

직역 이 옥수수가루 아래에 고기가 있다.

유래 노예들은 값이 싼 옥수수가루, 만지오까가루, 쌀가루로 만든 반죽을 먹는 것이 아주 흔한 일이었다. 하지만 노예 요리사들이 다른 노예들을 위해 가끔 옥수수가루 아래에 고기를 숨기는 경우가 있었다.

의미 거짓된 행동이나 의심스러운 태도

☒ 211 defender com unhas e dentes

직역 손톱과 이빨로 막다.

유래 라틴어 'unguibus et rostro(발톱과 부리)'에서 유래했다. 이 표현은 고대 로마에서 끊임없이 존재하던 수탉의 싸움에서 유래됐을 가능성이 크다. 하지만 여자들의 싸움에서 기원했을 수도 있다.

의미 온 힘을 대해 막다.

☒ 212 Deixe de cascata.

직역 거짓말을 멈춰라.

유래 cascata는 북동부에서 대중적으로 일컫는 쭈글쭈글한 거짓말쟁이 노파를 의미한다.

의미 거짓말 하지 마라.

☒ 213 Devagar se vai ao longe.

직역 천천히 멀리 간다.

유래 올바른 표현은 divagar se vai ao longe이고, 이 때 divagar는 '걸어 돌아다니다, 여행하다'의 의미를 가지고 있다.

의미 목표에 도달하려면 서두르지 말아야 한다.

☒ 214 **dourar a pílula**

직역 알약을 금박으로 씌우다.

유래 과거에 약국에서 금박 종이에 약을 싸던 관습에서 온 것이다. 약의 쓴 맛을 감추거나 잊게 하려고 금박을 씌웠다.

의미 위장하다.

☒ 215 **Em boca fechada não entra mosca.**

직역 닫힌 입에는 파리가 들어가지 않는다.

유래 이탈리아어 In bocca chiusa no entro mais musca에서 유래됐다. 1887년 밀라노 오페라가 파리 떼에 의해 침범 당했다. 아리아가 전부 소개되지도 못했다. 테너들은 낭패를 당하고 이와 같이 변명했다.

의미 어떤 상황에서는 침묵하는 것이 낫다.

☒ 216 **Em time que está ganhando não se mexe.**

직역 이기고 있는 팀에서는 건드리지 않는다.

유래 축구감독 Carlos Alberto Parreira의 증조부인 Felisberto Alves

Parreira에 의해 기인된 말이다.

의미 잘되고 있으면 그대로 해라.

⊠ 217 **encher o saco**

직역 saco(주머니, 포대)를 채우다.

유래 기원은 Niterói의 Saco de São Francisco라고 알려진 강의 입구라고 보인다. 그 유명한 21일의 파업 때 리우데자네이루의 부두에는 다양한 선박들이 몇 주 동안 정박하고 있었다. 배가 Saco를 꽉 채웠기 때문에 어부들과 주민들에게는 큰 난리였다.

의미 괴롭히다.

⊠ 218 **entrar com o pé direito**

직역 오른발로 들어가다.

유래 이 표현은 로마 제국의 오래된 미신에서 유래했다. 파티에 온 손님들은 오른발로 입장할 의무가 있었다. 이것은 불운을 피하는 것이었다. 브라질에서는 8대 대통령 임기를 시작하는 Hermes da Fonseca 장군의 취임식 때 Rui Barbosa가 연설을 한 후에 유명해지기 시작했다. "새로운 대통령이 오른발로 들어갈 수 있기를 바랍니다." 요즘은 축구 선수도 축구장에 들어갈 때 오른발 먼저 들어간다.

의미 잘 시작하다.

⊠ 219 **Espremeu, tem que chupar.**

직역 쥐어짰으니 빨아야 한다.

유래 오렌지 같은 것을 눌러 쥐어짰으면 끝까지 빨아 먹어야 한다.

의미 뭔가를 시작했다면 끝까지 가야 한다.

⊠ 220 falar pelo cotovelos

직역 팔꿈치로 말하다.

유래 말이 많은 사람은 더 많은 관심을 끌기 위해 상대방을 팔꿈치로 건드린다. 로마의 작가 Horácio(기원전 65-8)가 이 표현을 기록하여 남겼다.

의미 말을 너무 많이 하다.

⊠ 221 fazer nas coxas

직역 허벅지에서 만들다.

유래 지붕을 만들기 위해 흙으로 타일을 만들 때 자신의 허벅지를 사용했던 노예들의 시대에서 비롯되었다. 노예마다 허벅지 길이가 달랐기 때문에 타일도 각각 다른 모양이었다. 그래서 허벅지에서 만들어진 지붕은 제각각 구부러져 있었다.

의미 잘못 만들다.

⊠ 222 fechar com chave de ouro

직역 황금 열쇠로 닫다.

유래 고대 그리스에서 유래되었다. 군인들은 장기간의 전투에 나설 때면 그들의 아내에게 정조대를 채웠다. 정조대는 아무도 열지 못하게 금으로 만들었다.

의미 화려하게 일을 마무리하다.

☒ 223 ficar de olho grande

직역 눈을 크게 뜨고 있다.

유래 예전에는 집의 자물쇠가 열쇠처럼 꽤 넓었다. 그리고 소년들은 여자사촌들과 이모들이 샤워하는 것을 몰래 훔쳐보곤 했다. 그래서 부모들은 아들에게 겁을 주며, "너 눈이 점점 커지고 있어. 난 그 이유를 안다."라고 말하곤 했다.

의미 남의 것을 탐내다.

☒ 224 fingir-se de morto

직역 죽은 척 하다.

유래 까다로운 상황을 피하기 위해 많은 사람들은 자신은 아닌 척 한다. 이 표현은 '여행자들과 곰'이라는 우화에서 생겨났다. 두 남자가 길을 걷다가 곰과 마주하게 된다. 둘 중 한 명은 바로 눈앞에 보이는 첫 번째 나무에 올라간다. 나머지 한 명은 바닥에 누워 죽은 척 한다. 곰은 그의 냄새를 맡고 떠난다. 남자는 위험에서 벗어난다.

의미 ~인 체 하다, 가장하다.

☒ 225 Isso é para inglês ver.

직역 이것은 영국인이 보기 위한 것이다.

유래 19세기 어느 날, 영국의 왕이 리스본을 방문하기로 하여 Cais do Sodré에서 내리려고 했다. 하지만 그 주변 지역은 더럽고 오염되어 있었다. 그래서 왕의 일행들이 지나갈 거리에 포르투갈 사람들은 잘 장식된 건물의 외벽을 건설했다. 뒷면은 더러운 채 놔두고 앞면만 잘 지었다. 단지 영국인이 보도록 만들어진 것이다.

의미 누군가를 감동시키기 위한 거짓된 일

☒ 226 jogar merda no ventilador

직역 선풍기에 똥을 뿌리다.

유래 1974년 Nancy Armstrong은 그의 책, A Collector's History of Fans에서 중국은 기원전 2세기 전부터 이미 선풍기가 있었다고 하고, 중국은 기원후 2세기에 일본에 선풍기를 소개해줬다고 한다. 이러한 선풍기에 똥을 뿌리는 것은 감춰져 있던 더러운 사실을 세상에 쫙 뿌리는 것을 의미한다.

의미 진실을 폭로하다.

☒ 227 juntar a fome com a vontade de comer

직역 먹고 싶은 의지와 배고픔을 합치다.

유래 인도에서 유래한 표현이다. 7세기에 인도의 서부는 아랍인들에게 침략 당했고, 아랍인들은 불교와 대조적인 이슬람을 소개했다. 전쟁과 기아는 그 지역을 황폐화시켰다. 그리고 아랍인들이 식량을 제공할 때 인도사람들은 먹고 싶은 의지와 배고픔이 합쳐쳐 아사 직전이었다. 이는 Abdul Abdul Rama의 História da Índia do Século VII에 나와 있다.

의미 두 가지 욕망을 결합하다.

⊠ 228 jurar de pés juntos

직역 발을 모으고 맹세하다.

유래 포르투갈에서 16세기에 사용되었다. 발을 모으는 것은 의식의 자세를 나타내며, 상급자에 대한 존경과 복종을 의미한다.

의미 진실로 말하다.

⊠ 229 lamber a cria

직역 새끼를 핥다.

유래 이것은 원숭이 시대부터 유래한 것이다. 하지만 브라질에서는 노예시대 때 알려진 것으로 보인다. 당시 포르투갈 남자들이 하녀 (criada)들을 핥으며 바람피우는 일은 매우 흔한 일이었다.

의미 갓 태어난 아이를 좋아하다.

⊠ 230 largar o osso

직역 뼈를 놔주다.

유래 우화 '개와 뼈'에서, 절대로 그의 뼈를 놓치지 않는 개가 있었다. 어느 날, 그는 강가를 지나다가 물속에 비친 자신의 모습을 보고 뼈를 두 개 가지기 위해 물속에 비친 개의 뼈를 빼앗기로 결정한다. 개가 물에 비친 자신을 공격하기 위해 입을 벌리니 뼈가 떨어지고 뼈는 물속으로 흘러내려 간다.

의미 좋은 것을 포기하다.

☒ 231　limpar o salão

직역　홀을 청소하다.

유래　야만인들은 모든 것을 약탈하는 것 외에도 두 가지를 좋아했다. 코를 파는 것과 무도회를 여는 것이다. 그들은 언제나 코에 코딱지가 많았다. 코딱지를 파서 동그랗게 말아 무도회 홀의 바닥에 버리는 게 일상이었다. 그래서 무도회가 있은 다음 날 하인들은 꼭 홀을 깨끗이 청소해야 했다.

의미　**코를 파다.**

☒ 232　meter o bedelho

직역　자물쇠를 채우다.

유래　bedelho(자물쇠)는 카드 게임에서 작은 으뜸카드를 뜻한다. 그래서 자물쇠를 채운 사람은 자신의 차례가 아닐 때 끼어들어 다른 사람의 플레이를 방해할 수 있다.

의미　**간섭하다.**

☒ 233　mijar fora do penico

직역　요강 밖에 오줌을 싸다.

유래　penico는 아직 화장실 딸린 방이 없던 시절, 침대 밑에 두었던 요강이다. 한 전설에 따르면, 창녀와 함께 밤을 보내고 술에 취해 집에 돌아온 남자가 요강 밖에 오줌을 쌌다. 그의 아내가 일어나서 "당신, 요강 밖에 오줌을 싸고 있어"라고 하니, 그는 "거짓말! 난 Valadares의 집에 있었어!"라고 말한다. 그들은 별거에 들어갔다고 당시 신문에 나왔다.

의미 집 밖에서 다른 사람과 성관계를 갖다.

⊠ 234 **morrer na praia**

직역 해변에서 죽다.

유래 유래는 실제 해변과 아무 관련이 없다. 아프리카 Cabo Verde의 수도 Praia에서 유래되어 브라질로 들어왔다. Cabo Verde도 1975년까지 포르투갈의 식민지였다. Praia에는 혁명으로 인해 추방된 포르투갈 사람들이 보내지는 위수감옥이 있었다. 그래서 혁명가들이 Praia에 가게 되면, 혁명을 완수하지 못한 채 죽는다는 의미를 담고 있다.

의미 거의 완성된 일을 마지막에 망치다.

⊠ 235 **Muito peido é sinal de pouca bosta.**

직역 많은 방구는 적은 똥의 신호이다.

유래 1910년 대선 후보였던 Rui Barbosa가 허세로 가득 찬 상대방 후보 Hermes da Fonseca를 언급하면서 유래하였다. 선거에서는 Hermes da Fonseca가 이겨 브라질의 8번째 대통령이 되었다.

의미 엄청 과시하지만 결과물이 적다.

⊠ 236 **Não meto a mão no fogo.**

직역 난 불에 손을 담그지 않는다.

유래 여기에서 불은 만취란 뜻이기도 하다. 사람은 술에 취했을 때 싸우지 않는다. 왜냐하면 그 상태에서는 맞을 것이란 걸 알기 때문이다.

의미 난 책임지지 않는다.

---

237 nhen-nhen-nhen

직역 (의성어) 녱녱녱

유래 뚜삐어로 '말하다'라는 의미인 nhe´enga에서 유래하였다. 포르투
갈인들이 브라질에 도착했을 때 인디오들은 그들의 말을 전혀 이
해하지 못하였기에 포르투갈인들은 nhen-nhen-nhen (녱녱녱)
하며 말한다고 하였다.

의미 앵앵거리다. 징징거리다.

---

238 olho por olho, dente por dente.

직역 눈에는 눈, 이에는 이.

유래 이것은 함무라비 법전 조항 중 하나에 설정되어 있는 복수 방법
이다. 함무라비는 바빌로니아 왕(기원전 1792-50 또는 기원전
1730-1685)이었고 바빌로니아 제국의 창시자이다.

의미 같은 방식으로 복수한다. 눈에는 눈, 이에는 이.

---

239 passar a noite em claro

직역 밤을 밝게 보내다.

유래 중세시대의 기사들은 규율을 따르고자 잠을 못자고 밤을 보내야
했다. 기사 후보생들은 튜닉과 흰 갑옷을 입고 무기를 밤새도록 지
켰는데, 이것은 순결한 영혼을 상징한다. 그날 밤 새벽을 기다리던
이들의 옷 색깔은 passar a noite em branco(밤을 하얗게 보내다)

라는 같은 의미의 표현도 만들어냈다.

의미 잠을 못 이루다. 뜬 눈으로 밤을 지새우다.

⊠ 240 **passar a perna**

직역 다리를 걸다.

유래 이 표현은 다리를 걸어 넘어뜨리는 행위에서 유래했다.

의미 속이다, 배신하다.

⊠ 241 **pegar na veia**

직역 정맥을 잡다.

유래 축구선수들이 슛을 정확히 넣었을 때 자주 사용되는 표현이다. 그 기원은 미나스제라이스 시골에서 하던 acertar na velha(노파 맞추기)라는 어린이들의 놀이였다. 이것은 아이들을 귀찮게 했던 노파들을 새총으로 맞추는 놀이였다. 왜 노파들이었을까? 그녀들은 쫓아올 수 없었기 때문이다.

의미 정확한 곳에 명중시키다.

⊠ 242 **pegar no pé**

직역 발을 잡다.

유래 예수가 그의 가장 헌신적인 제자 중 한 사람으로 묘사되는 막달레나(Santa Maria Madalena)에게 그의 발을 씻으라고 요구한 이래, 그녀는 그의 발을 절대 놔주지 않았다.

> **의미** 가까이에서 귀찮게 하다.

☒ 243 **pensando, morreu um burro**

> **직역** 생각하다가 당나귀가 죽었다.

> **유래** 이 문구는 이솝의 사후에 출판된 한 책의 제목이다. 그는 아동문학을 통해서 너무 천천히 생각했던 당시의 통치자들을 심각하게 비판했다.

> **의미** 결정적인 경우엔 오래 생각하는 것보다 바로 행동하는 것이 낫다.

☒ 244 **perder as estribeiras**

> **직역** 등자를 잃다.

> **유래** 등자는 기수가 말을 탈 때 발을 올려놓는 부분이다. 만약 기수가 등자에 발을 올리지 못한다면 균형을 잃고 말을 통제하지 못하게 된다.

> **의미** 말과 행동에서 방향을 잃다. 컨트롤하지 못하다.

☒ 245 **pisar no tomate**

> **직역** 토마토를 밟다.

> **유래** 첫 일본 이민자들이 브라질에 도착하여 채소밭을 만들었는데, 브라질사람들은 거기서 일하지 못하도록 하였다. 일본사람들에 의하면, 브라질사람들이 채소밭을 가꾼 경험이 없기 때문에 토마토를 밟곤 했다고 한다.

> **의미** 어떤 일을 잘못하다.

☒ 246 pôr em pratos limpos

직역 깨끗한 접시에 놓다.

유래 이 표현의 기원은 사실 접시(prato)가 아니라 '은접시(prataria)를 닦는 것' 이었다. 모든 것을 반짝거리는 금속처럼 깨끗하게 한다는 뜻이다.

의미 어떤 일을 해결하다. 명확하게 하다.

☒ 247 pôr os pingos nos is

직역 i자에 물방울을 놓다.

유래 그리스도의 십자가 비문에 INRI라는 약어가 관찰된다. 이 약어의 의미는 JNRJ(Jesus Nazareno Rei da Judeia, 유대인의 왕 나사렛 예수) 이다. 하지만 누군가가 I자 위에 물방울을 놓아 J자와 혼동되지 않고 i자로 확실히 보이도록 했다. 누가 I자 위에 물방울을 흘리라고 했는지는 잘 알지 못한다. INRI는 JNRJ와 같은 의미의 라틴어 Iesus Nazarenus, Rex Iudaeorum이다.

의미 상황을 명확히 설명하다.

☒ 248 pregar uma peça

직역 한편을 설교하다.

유래 원래 이 표현은 pegar uma peça였고 peça는 옷감의 의미였다. 즉 pegar uma peça는 당시의 양품점에서 주인을 속이고 도둑질을 하는 것이었다.

의미 누군가를 속이다.

☒ 249 puxar o saco

직역 주머니를 당기다.

유래 옛날 변태 같은 왕들에게는 그들의 주머니, 즉 고환을 살살 만지고
당겨주는 사람이 있었을 것으로 추측된다. 이것은 아부하는 행동
을 의미한다. 그렇게 아부하는 사람을 puxa-saco라고 한다.

의미 아부하다.

☒ 250 Que bicho te mordeu?

직역 어떤 짐승이 널 물었니?

유래 17세기 프랑스에서는 "어떤 벌레가 널 물었니?"라고 묻는 것이 일
반적이었다. 벌레가 짐승으로 언제 바뀌었는지는 정확히 알려지지
않았다.

의미 왜 갑자기 태도가 변했니?

☒ 251 quebrar a cara

직역 얼굴을 깨부수다.

유래 이 표현은 20세기 미국 뉴욕의 상점들의 대형 유리문을 설치하기
시작했을 때 나온 표현이다. 사람들은 문이 열려 있었는지 닫혀 있
었는지 알지 못했고, 미국인들은 여러 번 유리에 부딪히며 얼굴을
다치곤 했다.

의미 잘못되다. 실망하다.

☒ 252 quebrar o galho

직역 가지를 꺾다.

유래 여행자들과 탐험가들 사이에서 생겨난 말이다. 가지를 꺾는다는 의미는 지름길을 택하거나 강이 있는 쪽으로 가는 것을 말한다.

의미 **문제를 해결하다. 호의를 베풀다.**

☒ 253 quebrar o gelo

직역 얼음을 깨다.

유래 말 그대로의 뜻은 얼음이 있는 길을 개척한 선박에서 나왔다. 하지만 비유적 의미는 1590년 Henry Swinburne가 쓴 작품에서 한 이야기에 등장했을 때를 기원으로 보고 있다. "저자는 쉽게 얼음을 깰 수 있도록 조언을 해 주었고, 일단 깨진 틈에 빠지면 그것은 알맞게 묻힌 것처럼 보였다"는 첫 은유적 표현으로부터 시작해서 현재 사용하는 의미로 곳곳에서 사용되고 있다.

의미 **두 사람간의 불편한 느낌을 없애다. 서먹서먹한 분위기를 깨다.**

☒ 254 quebrar o pau

직역 나무를 부수다.

유래 전쟁에 가장 적합한 무기가 나오기 전에, 모든 무기는 나무를 가지고 만들어졌다. 말 그대로 나무가 부셔진 것이다. 이 표현은 중세 시대의 한 사람이 다른 한 사람을 말에서 넘어뜨려야 했던 창 경기에서 유명해졌다. 그들은 나무를 부수기 위해, 즉 싸우기 위해 군인들을 넣자고 말하곤 했다.

의미 싸우다.

⊠ 255 Quem tem boca vai a Roma.

직역 입을 가진 사람은 로마로 간다.

유래 처음에 입을 가진 사람은 로마로 간다고 말했을 때는 먹는 것에 대한 말이었다. 로마에는 세계 최고의 식당들, 즉 그 유명한 파스타와 피자 식당들이 있었다. 하지만 원래 표현은 'Quem tem boca vaia Roma(입을 가진 사람은 로마를 조롱한다)'이었을 것이란 버전도 있다.

의미 목표에 도달하려면 의사소통을 잘 해야 한다.

⊠ 256 soltar os cachorros

직역 개들을 풀다.

유래 Dom João 6세의 아내 Dona Carlota Joaquina로부터 유래한 문구이다. 그녀는 리우데자네이루의 궁전 뒤편에 100마리의 개집을 가지고 있었다. 그런데 Dom João 6세는 개를 싫어했다. 그녀는 그와 싸울 때 공격적이고 적대적이었으며, 그를 향해 개들을 풀었다.

의미 공격적이고 적대적이다.

⊠ 257 tempestade num copo d'água

직역 물 컵에 폭풍우

유래 고대 로마인들은 Excitare fluctus in simpulo(작은 조개에 폭풍

우를 일으킨다)라는 비슷한 표현을 이미 사용했다. 하지만 폭풍우
가 일어나는 곳이 항상 같지는 않다. '물 컵' 이전에는 '조개', '사
발', '대접'으로 사용되기도 했고, 영어로는 '찻잔에 폭풍우'란 표현
이 1872년에 나타났다.

의미 사소한 이유로 큰 사건을 일으킨다.

⊠ 258 tirar água do joelho

직역 무릎에서 물을 빼다.

유래 남자와 여자 모두 요도는 다리의 중간에 위치해 있다. 어정쩡하게
서서 소변보는 모습을 뒤에서 보면 무릎에서 물이 나오는 것처럼
보인다.

의미 소변을 보다.

⊠ 259 tirar o cabaço

직역 조롱박을 빼다.

유래 여자는 원래 처녀막을 가지고 있다가 성관계 이후에는 없어지는
것으로 알려져 있다. 그런데 처녀막은 아주 작은 조롱박 모양의 얇
은 막으로 되어 있다.

의미 순결을 빼앗다.

⊠ 260 tirar o chapéu

직역 모자를 벗다.

유래 프랑스의 왕 루이 14세는 인사말을 할 때에만 모자를 벗을 수 있

고 그 외에는 모자를 써야 한다는 일종의 예절 매뉴얼을 만들었다. 17세기에는 포르투갈 사람들이 브라질로 어떤 소식을 가져왔을 때, 그들은 그 소식이 '모자를 벗을 수 있는' 경우인지 아닌지를 물어보곤 했다. 오늘날 대부분의 사람들이 모자(hat)를 사용하지 않기 때문에 이 제스처는 거의 사라졌지만, 이 표현은 존경을 표하는 표현으로 남아있다.

의미 존경받을 자격이 있거나 감탄할 만한 하다.

☒ 261 **tirar o sarro**

직역 찌꺼기를 빼다.

유래 sarro는 와인의 찌꺼기를 의미한다. 예전에 여자와 함께 찌꺼기를 뺀다고 하면, 그 의미는 오늘날 젊은 남녀가 하루 밤 동침하는 일(ficar)과 유사했다.

의미 놀리다. (성적으로) 조롱하다.

☒ 262 **tititi**

직역 거짓말, 거짓말, 거짓말

유래 ty는 뚜삐어로 거짓말이라는 뜻이다. 백인들이 인디오들의 부락에 와서 세상을 열고 돈을 벌게 하겠다고 약속하자 인디오들은 그들끼리 ty-ty-ty라고 하였다.

의미 뒷 담화

☒ 263 **Todos os caminhos levam a Roma.**

직역 모든 길은 로마로 통한다.

유래 옛날 브라질 항공사 Panair에 의해 만들어진 슬로건이다. 당시 이 탈리아로 최초의 국제선 운항이 시작되었다.

의미 모든 길은 신에게 인도한다.

⊠ 264 trocar os pés pelas mãos

직역 발을 손으로 바꾸다. 발을 손으로 사용하다.

유래 말에게 빨리 가도록 가르치기 위해 말의 앞발에 작은 방울을 달기 도 했다. 따라서 기수는 말을 잘 길들일 수 있었다.

의미 실수를 범하다. 성취하지 못하다.

⊠ 265 Uh, tererê!

직역 Whoop! There it is!

유래 이 표현은 펑크 음악 무도회에서 나타났다. 그룹 Tag Team의 미 국 랩 중에 후렴구 Whoop! There it is!(오, 저기 있다!)가 있었는 데, 이 후렴구가 포르투갈어화된 것이다.

의미 (스포츠 경기에서 쓰이는 응원구호) 아 바로 그거야!

⊠ 266 Uma andorinha só não faz verão.

직역 제비 한 마리가 여름을 만들지 않는다.

유래 브라질 남부 Rio Grande do Sul에서 제비는 길을 돌아다니는 매 춘부를 의미한다. 매춘부 단 한명이 Rio Grande do Sul 주민들에게 따뜻한 여름을 만들어 주지는 못한다.

의미 혼자서는 큰일을 하지 못한다.

⊠ 267 Uma mão lava a outra.

직역 한 손이 다른 손을 씻는다.

유래 라틴 작가 Tito Petrônio Arbiter(기원전 1세기)의 소설 Satyricon
에서 처음 등장하여 협동의 의미로 사용되었다. 누군가를 도와주
는 사람은 도움을 받을 것이다. 당신이 다른 사람을 위해 하는 일
은 나중에 당신에게 돌아올 것이다.

의미 서로 도와야 한다.

⊠ 268 uma no cravo, outra na ferradura

직역 못에 한번, 편자에 한번

유래 1873년 José de Alencar(1829-77)의 책 A guerra dos
mascates에서 등장했다. Alencar는 이 표현을 황제 Dom Pedro
2세가 양쪽에게 다 호의적으로 말하던 정책에 대해 말하기 위해
사용했다. 대장장이의 일에서 편자를 말발굽에 붙이기 위해선 우
선 못에 망치질을 한번 하고나서 동물이 놀라지 않도록 편자에 망
치질을 한다. Alencar와 Pedro 2세의 싸움은 1868년부터 시작되
었다. Alencar는 그 해에 가장 많은 표를 얻은 상원의원이었지만
황제에 의해 거부당했다.

의미 책임지지 않는다. 모호한 주장을 사용한다, 분쟁의 양측을 방어한다.

⊠ 269 Vá cantar em outra freguesia.

직역 다른 교구에 노래하러 가라.

유래 원래 이 표현은 Vá pregar em outra freguesia(다른 교구에 설교 하러 가라)로 사용되었었고, 특정 지역에서 달가워하지 않는 종교인 물을 암시하는 의미였다. 오늘날에는 누군가 당신이 피하고 싶은 사람을 멀리 보내고 싶을 때 사용된다.

의미 딴 데 가서 해라, 딴 데 가서 알아봐라.

☒ 270 Vá lamber sabão.

직역 비누나 핥으러 가라.

유래 Maranhão에서 온 표현이다. 그 지역에서 비누를 핥는다는 것은 여성의 성기를 핥는 행위를 의미한다. 한 남자가 침대에 함께 누운 사람이 레즈비언이라는 사실을 알았을 때, 그녀에게 비누나 핥으러 가라고 말했다. Maranhão 출신의 전 대통령 José Sarney의 책 Marimbondos em Fogo에서 이 표현이 등장한다.

의미 내 옆에서 좀 꺼져라.

☒ 271 Vá plantar batatas.

직역 감자나 키우러 가라.

유래 이 표현은 경멸의 의미로 포르투갈에서 생겨났다. 대항해 시대에 포르투갈은 항해, 어업 및 산업 직종이 존경할 만한 직업으로 간주 되었다. 농업은 하위직이었는데, 특히 감자를 키우는 일이 그랬다.

의미 내 옆에서 좀 꺼져라.

⊠ 272 Vá tomar banho.

직역 샤워나 하러 가라.

유래 프랑스에서 유래한 표현으로, 나폴레옹은 그렇게나 조세핀에게 샤워하러 가라고 했지만 결국 포기하고 첩을 두게 되었다.

의미 내 옆에서 좀 꺼져라.

⊠ 273 Vai acabar em pizza.

직역 피자로 끝날 것이다.

유래 상파울루 정치인들이 만든 표현으로, 어떤 사건에 연루되어도 구속되지 않고 아무 일 없이 끝날 때 쓰이곤 한다.

의미 아무 일도 없을 것이다.

⊠ 274 virar a casaca

직역 옷을 뒤집다.

유래 프랑스인과도 함께 있었고 포르투갈인과도 함께 있었던 배신자 Calabar로부터 기인한 문구로 생각되지만 증명하는 자료는 없다.

의미 (팀, 당적을) 바꾸다. 배반하다.

5. 동물을 이용한 표현

⊠ 275 A cobra vai fumar.

직역 뱀이 담배 필 것이다.

유래 브라질 정부를 향한 비평가들은 브라질이 2차 세계대전에 참전하는 것보다 뱀이 담배 피는 것이 더 쉬울 것이라고 말했다. 그래서 브라질이 전쟁에 참전했을 때, 브라질 군대는 자신들의 상징으로 담배 피는 뱀을 선택했다.

의미 발생하기 어려운 일이다.

⊠ 276 A vaca foi para o brejo.

직역 소가 늪으로 갔다.

유래 인도에서 소는 신성한 동물이다. 인도에는 늪지대가 많은데 소가 늪지대로 갔을 때 보통 수렁에 빠져 거기서 다시 소를 빼내기란 너무 힘든 일이었다. 따라서 할 수 있는 게 하나도 없는 상황에서 쓰게 되었다. 표현은 영국(The cow went to the swamp)을 거쳐 브라질로 전해졌다.

의미 모든 게 잘못되다. 어려운 상황이다.

⊠ 277 abraço de tamanduá

직역 개미핥기의 포옹

유래 개미핥기는 배를 위로 향하고 팔을 벌려 눕는다. 적은 개미핥기에 접근하자마자 자신을 짓이기며 꼭 껴안는 포옹에 깜짝 놀라게 된다.

의미 배신, 불신

☒ 278 afogar o ganso

직역 거위를 익사시키다.

유래 고대에 중국인들은 거위를 자신의 성적 욕구를 충족시키기 위해 사용하였다. 남성은 사정 직전에 거위의 머리를 물에 담갔는데, 거위가 마지막으로 경련을 일으키는 동안 나타나는 항문의 수축을 느끼려고 했기 때문이다.

의미 성관계를 유지하다.

☒ 279 Agora é que a porca torce o rabo.

직역 지금 암퇘지가 꼬리를 비튼다.

유래 결정적인 순간에는 더 큰 희생이나 집중이 필요하다. 이 순간에는 일반적으로 조용히 한다. 암퇘지의 꼬리를 비틀 때 바로 그렇다. 이 표현은 16세기에 카몽이스에 의해서도 사용되었다.

의미 중요한 결정을 내릴 순간, 심각한 순간이다.

☒ 280 amigo da onça

직역 표범의 친구

유래 1943년에 Pernambuco의 만화가인 Péricles de Andrade Maranhão은 O Cruzeiro라는 잡지에 '표범의 친구'라는 캐릭터를 만들었다. 이 캐릭터는 두 사냥꾼의 다음과 같은 대화에서 탄생했다.

> A 만약 지금 정글에서 네 앞에 표범이 나타났다면, 넌 무엇을 했을까?
>
> B 그럼 난 표범을 총으로 쐈겠지.

A	하지만 총이 없었다면?
B	그럼 칼로 표범을 죽였겠지.
A	만약 칼이 없었다면?
B	나무 막대기로 때렸겠지.
A	만약 아무 막대기도 없었다면?
B	가장 가까운 나무에 올라갔겠지!
A	아무 나무도 없었다면?
B	도망쳤겠지.
A	만약 네가 겁에 질려 온 몸이 굳었다면?
B	그런데, 넌 내 친구니, 표범의 친구니?

의미 뒤에서 딴 짓을 하는 거짓된 친구

☒ 281 atirar pérolas aos porcos

직역 돼지에게 진주를 던지다.

유래 이 표현은 마태복음의 7장 6절에 있다. 개나 돼지에게 신성한 것이나 진주를 던져주지 말라.

의미 가치 없는 사람에게 가치 있는 물건을 주는 것 (하지 말라는 조언)

☒ 282 bafo de onça

직역 표범의 입김

유래 심한 입 냄새를 뜻하는 이러한 표범의 별명은 정당한 것인가? 사실 표범의 입 냄새는 다른 동물들과 다르지 않다. 만약 어떤 동물이 나쁜 입 냄새를 가지고 있다면, 입 안에 충치나 염증이 있거나 소화불량 때문이다. 그 동물이 건강하다면 입김에는 냄새가 없다. 따라서 이 표현에는 다음과 같은 추가 설명이 필요하다. 표범은 화가 나면 입으로 공기를 불어서 뜨겁고 시끄러운 입김을 내뿜는다.

의미 심한 입 냄새

⊠ 283　bode expiatório

직역 속죄의 염소

유래 유대인은 전통적으로 그들의 죄를 염소에게 뒤집어씌우곤 했다. 그리고 염소를 사막으로 데려가 버렸다. 이런 방식으로 자신이 저지른 모든 죄로부터 자유로워 질 것이라 믿었다.

의미 희생양

⊠ 284　boi de piranha

직역 삐라냐의 황소

유래 한 무리가 삐라냐로 가득 찬 강을 건널 때, 카우보이는 가장 약한 소를 골라 가장 앞에 포진시켰다. 삐라냐가 그 소를 공격하는 동안 나머지는 어려움 없이 강을 건넜다.

의미 동료를 살리기 위해 앞장서서 희생하는 사람

⊠ 285　brincar de gato e rato

직역 고양이와 쥐의 장난을 치다.

유래 1913년에 영국에서 여성들의 투표권에 대한 항의 때문에 유명해졌다. 평화를 방해하여 수감된 여성들은 건강을 위협당할 만큼 굶

주림에 시달렸다. 상황을 회피하기 위해 영국 의회는 '병든 죄수의 임시 석방령'을 승인했고, 이것은 곧 '고양이와 쥐의 행동'으로 알려졌다. 의회에 따르면, 기아에 시달리는 사람은 누구나 풀려나지만, 죽음의 위험에서 벗어나자마자 다시 수감된다. 고양이가 쥐에게 하는 것처럼, 영국은 아픈 죄수들이 회복되도록 내버려둔 다음 다시 잡아가는 것이다.

> **의미** 상황을 회피하다.

☒ 286 cabra da peste

> **직역** 페스트의 염소

> **유래** 브라질 북동부에서 염소는 사람과 같은 의미로 쓰인다. 그리고 페스트는 북동부 지방에서 끊이지 않던 것이었다. 어떤 사람이 흑사병에 걸리면 모두에게 전염될까봐 그를 피해 다녔다. 즉 두려운 존재가 되었는데, 이러한 의미는 용감한 사람의 의미로도 사용된다.

> **의미** 두려운 존재, 용감한 사람

☒ 287 cadela no cio

> **직역** 발정기의 암캐

> **유래** 매춘부를 저속한 말로 암캐라고 한다. 동물세계에서 발정기가 가까워지면 암캐는 수컷들이 동행하는 것을 허락한다. 개들은 암캐가 내뿜는 냄새에 끌려 그룹을 형성하는데, 이는 어느 순간에는 암캐가 수컷이 하라는 대로 할 것임을 나타낸다. 더 급한 수컷들은 먼저 암캐를 덮치려다가 쫓겨난다. 그러는 사이, 암캐는 가장 강한 수컷을 고른다. 남자 무리들을 유혹하는 이 명성은 경멸적인 의미를 담고 있다.

의미 한창 때의 여자

⊠ 288 **cachorro quente**

직역 핫도그

유래 샌드위치를 만드는 여러 이야기들 중 한 가지와 관련이 있다. 1852년 독일 프랑크푸르트의 한 고기장수는 소시지 이름을 자신의 강아지 닥스훈트의 이름으로 생산했다.

의미 핫도그

⊠ 289 **canto do cisne**

직역 백조의 노래 소리

유래 백조는 죽을 때가 다 되면 아름다운 노래를 부른다고 회자되곤 했다.

의미 마지막 업적

⊠ 290 **cavalos de potência**

직역 힘의 말

유래 엔진의 힘은 18세기 후반부터 마력으로 측정된다. 영국의 탄광 소유주들은 광산에서 석탄을 빼내기 위해 말을 사용했다. 엔진과 증기의 발명으로 스코틀랜드의 발명가 제임스 와트(James Watt)는 말이 양동이를 들어 올리는데 필요한 힘에 근거하여 마력(horse power)을 만들었다.

의미 마력

⊠ 291 cobaia

직역 기니피그

유래 기니피그는 설치류의 한 종류로 브라질에서 porquinho da índia(인도 돼지)로 잘 알려져 있다. 기니피그는 생물학적 특성 때문에 19세기 이래로 전 세계 실험실의 연구에 주로 사용되었다.

의미 어떤 경험에 사용된 동물이나 사람

⊠ 292 cor de burro quando foge

직역 도망갈 때 당나귀의 색깔

유래 사실 이 표현은 처음에 '당나귀가 도망갈 때는 뛰어라(corra)'였다. 당나귀는 원래 온순하지만 화가 나면 공격적이고 컨트롤 할 수 없어지므로 매우 위험해 사람들은 뛰어 도망쳐야 한다. 그런데 원래 표현의 corra(correr 동사, 뛰다)가 시간이 흐르면서 cor(색깔)로 바뀐 것이다. 당나귀가 도망갈 때 색깔이 바뀌는가? 현재 사용되는 의미는 명확히 정의하기 어려운 색깔을 가리킨다.

의미 불명확한 색깔

⊠ 293 cozinhar o galo

직역 수탉을 요리하다.

유래 수탉은 암탉과 달리 부드럽지 않아 요리를 하는 데 오래 걸린다. missa do galo(크리스마스 이브의 미사) 때는 미사 후에 수탉요리를 먹었다. 수탉의 살이 단단하다는 것을 알기 때문에 사람들은 누군가가 수탉을 요리하는 동안 미사에 갔었다.

의미 일이 오래 걸리다.

☒ 294 **dar com os burros n'água**

직역 물속에서 당나귀를 만나다.

유래 이 표현은 두 명의 노새꾼 사이에서 일어난 경쟁과 관련된 유명한 이야기에서 나왔다. 그들은 장사에 도전하기 위해 출발했는데 상품 중 하나는 소금, 하나는 솜이었다. 하지만 길을 가는 도중에 둘 다 강을 건너야 했다. 한 노새꾼의 소금은 물에 바로 녹아버렸고 솜은 흠뻑 젖어 옮기기에 더 무거워져 당나귀는 거의 익사했다. 결국 당나귀를 풀어주었고 손실만 남겼다.

의미 뭔가 일이 잘못되다. 사업에서 손해를 입다.

☒ 295 **dar zebra**

직역 얼룩말을 주다.

유래 얼룩말은 25마리의 동물을 사용하는 불법 도박에 포함되지 않는데, 이 때문에 얼룩말을 준다는 것은 일어날 수 없는 일이다. 이 표현은 1964년 축구 감독 Gentil Cardoso에 의해 탄생했다. 그는 1964년 리우 챔피언십 리그에서 그가 훈련시킨 작은 팀 Portuguesa carioca와 강력한 상대팀 Vasco의 경기를 앞두고 "오늘 얼룩말을 줄 것"이라고 말했다. 결국 그의 팀이 2대 1로 이겼고, 이 표현은 유명해졌다.

의미 일어날 것 같지 않은 일이 발생하다.

☒ 296 **dormir com as galinhas**

직역 암탉과 함께 자다.

유래 닭은 어두워지자마자 잠자리에 든다.

의미 일찍 자다.

※ 297 **elefante branco**

직역 하얀 코끼리

유래 이 용어는 흔하지 않은 알비노 코끼리가 발견되었다면 황제에게
주어졌을 거라는 시온의 전통에서 왔다. 시온의 모든 황제들은 하
얀 코끼리의 황제라는 칭호를 사용한다. 이 동물은 신성하게 여겨
졌기 때문에, 통치자의 허가를 받아야만 희생될 수 있었다. 그래서
황제는 그가 좋아하지 않는 사람을 법정에서 몰락시키고 싶을 때,
자신의 흰 코끼리 중 하나를 선물했다. 이 동물은 복수에 가장 적
절한 수단이었다. 동물에게 먹이를 주고 그 동물을 보살펴야 하는
공포 외에도, 새로운 주인은 왕실의 허가 없이는 코끼리를 없앨 수
없었다. 누군가에게는 아무런 쓸모가 없지만 비싸긴 너무 비싼 물
건이 있다.

의미 값비싼, 가치 있는 물건

※ 298 **fazer boca de siri**

직역 게의 입을 만들다.

유래 게가 집게발로 물체를 잡고 절대로 놓치지 않는 모습에서 유래하
였다. 그러므로 비밀을 지키는 사람의 입은 게의 집게발처럼 꽉 닫
혀 있어야 한다.

의미 비밀을 지키다.

118

⊠ 299 fazer gato-sapato

직역 고양이 신발을 하다.

유래 이 표현은 이미 16세기에 나타났는데 '고양이 신발'이라는 어린이
들의 게임이 있었다. 눈을 가린 어린이가 친구 중 한 명을 잡을 때
까지 친구들이 신발로 때리던 게임이다.

의미 **업신여기다, 굴욕을 주다.**

⊠ 300 galinha morta

직역 죽은 암탉

유래 암탉은 원래 악의 없고 겁이 많은 동물로 여겨진다. 그런데 죽은
암탉이면 더더욱 의미가 약해진다.

의미 **아주 싼 것, 여린 사람**

⊠ 301 gatos pingados

직역 기름방울이 떨어진 고양이

유래 일본에서 행해진 고문은 노예, 범죄자 및 동물(고양이가 가장 큰
희생자)에게 끓는 기름을 똑똑 떨어트리는 것이었다. 이 잔인함을
지켜볼 수 있는 사람은 별로 없었다. 브라질에서 이 표현이 유명해
지는 데 도움을 준 사람은 만화가 Henfil(1944-88)인데, 그는 리
우 리그 각 축구팀의 팬들에게 경의를 표하기 위해 캐릭터를 하나
만들었다. 그중 아메리카 팀의 캐릭터는 'gatos pingados'라고 불렸
는데, 이유는 아메리카 팬들이 경기장에 항상 적었기 때문이었다.

의미 **적은 양의 사람들**

⊠ 302 **lágrimas de crocodilo**

직역 악어의 눈물

유래 악어는 음식물을 섭취할 때 입천장을 세게 눌러 눈물샘을 압박한다. 그래서 악어는 다른 동물을 잡아먹는 동안 눈물을 흘린다.

의미 거짓 눈물, 위선적인 울음

⊠ 303 **lavar a égua**

직역 암말을 씻다.

유래 경마장에서 생겨난 표현이다. 경마에서 승리한 말의 주인은 말에게 샴페인을 뿌리며 얻은 이익을 기념하였다.

의미 큰 이득을 얻다.

⊠ 304 **lobo em pele de cordeiro**

직역 양의 탈을 쓴 늑대

유래 2,500년 전 고대 그리스의 우화에서 전해진다. 이야기에 따르면, 늑대는 양털로 위장해 양 무리에 들어갈 수 있었다. 늑대에 관한 다른 모든 우화에서와 마찬가지로, 이 늑대 또한 매우 영리하여 양처럼 순진한 척 하면서 그것을 최대한 활용하여 의심받지 않도록 했다. 이 이야기는 그리스 및 그리스와 무역 관계가 있는 나라들에서 매우 인기가 있었는데, 마태복음 8장 15절의 한 구절에서 유래했을 가능성도 있다. "거짓된 예언자를 조심하라. 그는 양의 탈을 쓰고 오지만 사실은 탐욕스러운 늑대다."

의미 겉으론 착해 보이지만 실제로는 사악한 사람

⊠ 305 **Macaco velho não põe a mão em cumbuca.**

직역 늙은 원숭이는 cumbuca에 손을 넣지 않는다.

유래 sapucaia라고 불리는 나무가 있는데, 거기엔 cumbuca(표주박 같은 형태) 열매가 열린다. 그것이 익으면, 작은 밤들을 떨어트린다. 어린 원숭이들은 밤을 빼려고 cumbuca의 벌어진 곳에 손을 넣게 되고 그럼 손이 꽉 낀다. 열매를 포기하고 손을 오므려야만 손을 뺄 수 있다.

의미 경험 있는 사람은 안 좋은 상황에 얽히지 않는다.

⊠ 306 **mão de vaca**

직역 암소의 손

유래 암소의 앞발은 접혀 있는 손과 같아 돈을 쓰지 않고 꼭 쥐고 있는 사람을 상징한다.

의미 구두쇠

⊠ 307 **matar a cobra e mostrar o pau**

직역 뱀을 죽이고 몽둥이를 보여주다.

유래 작가이자 비평가인 Valdemar Cavalcanti가 1964년 11월 15일 O Jornal에 낸 기사에서 탄생한 것으로 본다.

의미 한 일을 사실로 증명하다.

⊠ 308 **memória de elefante**

직역 코끼리의 기억력

유래 코끼리는 배운 모든 것을 기억하는데 이것이 서커스의 매력 중 하나이다. 코끼리는 40가지의 명령을 암기할 수 있고 이전에 만난 적이 있는 다른 코끼리들도 기억한다.

의미 **좋은 기억력을 가진 사람**

⊠ 309 na hora da onça beber água

직역 표범이 물 마시는 시간에

유래 브라질 인디오 기원의 표현이다. 원주민들은 표범이 물 마시러 가는 시간을 알고 있어 그 때는 수영이나 낚시를 하지 않았다. 백인들이 도착했을 때, 그들은 그것을 알지 못해 잘 못 되곤 했다. 원주민들은 표범이 신선한 고기를 잘 먹은 뒤에 물을 마시는 것을 보며 웃곤 했다. 하지만 많은 예수회 신부들은 표범이 물 마시는 시간을 정확히 알지 못했다.

의미 **정확한 시간에**

⊠ 310 Olha o passarinho!

직역 새를 좀 보세요!

유래 19세기 말 사진 촬영이 처음 시작되었을 때, 사진 한 장을 찍기 위해 필요한 시간은 굉장히 길었다. 그래서 사진 찍는 사람들, 특히 아이들의 주의를 끌기 위해 사진사들은 카메라 주변에 새장을 두었다. 새를 보라고 하여 그들이 새를 유심히 쳐다보는 사이에 사진을 찍곤 했다. 나중에 일부 사진가들은 같은 목적으로 끈에 묶은 새를 활용했다. 오늘날 실제로 새는 없지만, 사진사들이 사람들의 관심을 끌기 위해 '새를 보라'는 말을 여전히 사용하고 있다.

의미 여기를 좀 보세요!

⊠ 311 **olhos de lince**

직역 살쾡이의 눈

유래 살쾡이들은 정밀한 시력의 눈을 가졌다는 사실에서 유래하였다. 옛날 사람들은 살쾡이들이 벽도 꿰뚫어볼 수 있다고 믿었다.

의미 시력이 좋은 사람, 잘 식별하는 사람

⊠ 312 **ovelha negra**

직역 검은 암양

유래 검은 양이 흰 양떼 사이에서 두드러지는 것처럼 가족이나 사회 집단과 잘 맞지 않는 사람을 분류하는 데 사용된다. 고대에는 모든 검은 동물들이 이교도들에 의해 신들에게 바쳐지고 어둠의 세력으로 간주되었다. 어떤 사건의 범인이 흑인일 때도 멸시적으로 사용된다.

의미 가족, 그룹, 팀에서 안 좋게 행동하는 사람, 쓸모없는 인간

⊠ 313 **pagar o pato**

직역 오리 값을 지불하다.

유래 15세기 Giovani Francesco Bracciolini가 쓴 이탈리아 문학사에서 생겨났다. 이야기에 따르면, 정숙하지 못한 유부녀 한 명이 그녀의 집 앞을 지나가는 농부에게서 오리를 사려고 했다. 그녀의 성격을 알고 있던 농부는 성관계를 하면 오리를 주겠다고 했다. 그녀는 그렇게 하였지만, 만족할 줄 모르는 탐욕스러운 농부들은 점점

더 많은 것을 원했다. 그렇게 계속 성관계를 하는 도중에 남편이 집에 도착했다. 남편이 무슨 일이 있었는지 캐묻자, 농부는 오리 값 지불에 모자라는 돈 2 vinténs에 대해 논의 중이었다고 대답한 다. 남편은 돈을 주었고 이 표현이 탄생했다. 즉 본인이 하지도 않은 어떤 일에 대해 돈을 낸다는 의미다. 이 외에 오래된 놀이에서 유래했을 거라는 다른 버전도 있다. 오리가 장대에 묶여 있고 참가 자들은 전속력으로 질주하여 오리를 묶은 줄을 한 번에 잘라야 했다. 성공하지 못한 사람들은 오리 값을 지불했을 것이다.

> **의미** 다른 사람이 한 일을 뒤집어쓰다, 부당하게 책임지다.

☒ 314 pegar o touro à unha

> **직역** 황소를 손톱으로 잡다.

> **유래** 이 표현의 유래에는 두 가지 버전이 있는데, 그 중 첫 번째 버전은 스페인의 투우에서 영감을 받았다. 투우사는 황소의 목에 창을 꽂은 후, 황소를 지치게 하려고 모든 것을 한다. 빨간 망토로 자극하고, 황소의 등에서 뛰고, 뿔을 붙잡고, 콧등을 아래로 향하게 한다. 다른 버전은 고대 영국의 스포츠 중 잔인한 게임으로 간주되는 '황소 달리기'에서 유래를 찾는다. 이 경기는 약 1200년대 John 왕의 정부 때 Stamford의 작은 도시인 Lincolnshire에서 탄생했는데, 이곳은 작은 상업 마을이었다. 매년 11월 13일 아침 11시 정각에 황소 한 마리가 시장에서 풀렸다. 방망이와 개를 가진 남자들과 소년들은 황소를 쫓아 Welland 강의 다리 쪽으로 갔다. 그곳에서 용감한 사람들은 황소를 제압하려는 시도를 했고, 황소를 강에 빠뜨리기 위해 뿔을 잡았다. 황소는 강가의 가장 진흙이 많은 곳으로 헤엄쳤다. 황소와 군중 모두 진흙투성이가 되고 녹초가 될 때까지 추격은 계속되었다. 그런 다음 황소는 희생되었고 그 고기는 경기 참가자들에게 값싸게 팔렸다. 이 스포츠는 1840년에 폐지

되었다. 영어에서는, 황소는 뿔을 붙잡아라(take the bull by the horns)로 사용된다.

의미 문제에 정면으로 맞서다. 정면 돌파하다.

☒ 315 **peixe fora d'água**

직역 물 밖의 물고기

유래 1380년 John Wyclif의 책 English Works에 사용된 은유적 표현이 존재한다. 그들은 물 없는 물고기처럼 수도원 밖에 있었다.

의미 기분 나쁜 상황, 불편한 상황

☒ 316 **rabo de galo**

직역 수탉의 꼬리

유래 영어 칵테일(cocktail)을 문자 그대로 포르투갈어로 옮기면 rabo de galo이다. 17세기 경주마들은 꼬리가 잘려서 짧은 꼬리를 가지고 있었는데, 그 꼬리가 수탉 꼬리 같았다. 꼬리를 자른 말은 코너를 돌 때 균형이 덜 잡히지만 속도는 더 낼 수 있었다. 2세기가 지난 후, 경마장의 바에서는 술을 섞어 팔기 시작하면서 더 강한 레시피를 만들었고 이것은 고객들에게 큰 영향을 주었다. 이런 음료들이 결국 칵테일이라는 이름을 갖게 되었다. 브라질에서는 칵테일의 의미로 사용되는 coquetel이란 용어가 술과 과일 주스의 혼합인데 반해, rabo de galo는 브랜디와 버몬트가 혼합된 술을 의미한다.

의미 브랜디와 버몬트가 혼합된 칵테일

⊠ 317 tempo de vacas gordas

직역 뚱뚱한 암소들의 시대

유래 창세기에 이집트의 왕이 꿈을 꾸었다는 기록이 있다. 그는 뚱뚱한 일곱 마리의 암소가 아주 약한 다른 일곱 마리의 암소에게 먹히는 꿈을 꾸었다. 깨어나자마자, 그는 모든 이집트 현인들과 점쟁이들을 불렀으나 아무도 만족스러운 해몽을 풀어내지 못했다. 그래서 야곱과 라헬 아들 요셉을 감옥으로 부터 나오게 하여 꿈에 대하여 물어본다. 그는 일곱 마리의 뚱뚱한 암소가 7년간의 풍년을 상징하고, 일곱 마리의 마른 암소는 이후 7년간의 흉년을 의미한다고 설명했다.

의미 풍요의 시대

⊠ 318 ter estômago de avestruz

직역 타조의 위를 가지고 있다.

유래 타조의 위는 금속까지 용해할 수 있는 능력을 지닌 강력한 위액을 가지고 있다.

의미 아무거나 다 먹다.

⊠ 319 tirar o cavalinho da chuva

직역 빗속의 말을 치우다.

유래 예전에는 사람들이 친구를 만나기 위해 이동수단으로 주로 말을 이용했었다. 짧은 방문이라는 것을 나타내기 위해 말들은 집의 입구에 묶여 있었다. 하지만 비가 오기 시작하면 동물들은 비를 피해 창고로 옮겨졌다. 빗속의 말을 치웠다는 집 주인의 말은 손님에게

급하게 갈 필요 없다고 이해시키려는 의미로 사용되었다. 아마도 Rio Grande do Sul 주에서 온 표현으로 보인다.

의미   어떤 일이 곧 일어날 거라는 희망을 버리다. 포기하다.

⊠ 320   **Vai pentear macaco!**

직역   원숭이 털이나 빗으러 가!

유래   1651년에 처음 나타난 포르투갈 속담에서 당나귀 털이나 빗으러 가라고 충고하는 것은 전혀 중요하지 않은 일이나 하러 가라는 의미였다. 18세기에 이 표현이 브라질에 도착했을 때는 당나귀가 아니라 원숭이로 바뀌었다.

의미   귀찮게 하지 마! 꺼져!

⊠ 321   **vender gato por lebre**

직역   고양이를 토끼 대신 팔다.

유래   고양이를 토끼라고 알고 사는 것은 속는 것이다. 원래 생각했던 것보다 가치가 떨어지는 것을 가져가는 셈이다. 브라질에서 토끼요리는 대중적이지 않지만, 이 표현이 나타난 포르투갈에서는 카몽이스 시대에 대중적이었다. 16세기 스페인에서는 고양이를 토끼인 것처럼 제공하는 관습이 있었다고 알려져 있다.

의미   더 나쁜 것을 속여 팔다.

⊠ 322   **Viu passarinho verde?**

직역   초록 새를 봤어?

초록색은 희망의 색이다. 그리고 여기서 새는 소녀들이 사랑에 빠진 연인들에게서 편지를 보내기 위해 전서 비둘기처럼 사용했던 잉꼬를 가리킨다. 그러므로 초록 새가 도착하는 것을 보는 것은 사랑하는 사람의 좋은 소식을 의미한다.

의미 좋은 소식 있어?

⊠ 323 voltar à vaca fria

직역 차가운 암소로 돌아가다.

유래 프랑스어의 Revenons à nos moutons(우리의 양에게 돌아가자)를 번역한 표현이다. 이 표현은 양의 도둑에 대한 연극에서 생긴 표현으로, 증언 도중 주제에서 벗어난 말을 할 때 변호사가 주요 주제인 양 얘기로 돌아가자고 하며 한 말이다. '양'에서 '암소'로의 변화한 것은 아마 식사를 시작할 때 차가운 소고기 요리를 주던 포르투갈 요리의 오래된 관습 때문일 것으로 본다.

의미 원래의 대화 주제로 돌아가다.

04

브라질 사회와 문화를 가장 잘 관찰할 수 있는 요소 중 하나인 축구 표현을 살펴보면, 당시의 역사적 사건이나 어떤 특징적인 모습과 상태를 비유하여 표현한 용어들이 관찰된다. 이를 통하여 이러한 표현이 쓰이고 있는 이유를 파악할 수 있다. 여기서는 브라질에서 사용되는 축구관련 표현을 선수, 경기 혹은 기술, 공, 경기장, 팀, 기타 관련 용어로 구분하여 제시한다. 그리고 마지막으로 브라질과 포르투갈 축구용어의 차이까지 살펴보기로 한다.

1. 선수 관련용어

⊠ 324 aranha

> **직역** 거미
>
> **유래** 팀에 독거미 같은 존재의 선수
>
> **의미** 팀의 동료들과 화합하지 못하는 반사회적인 선수

⊠ 325 cadeado

> **직역** 자물통
>
> **유래** 자물통처럼 꽉 틀어막는 수비를 하는 선수
>
> **의미** 수비를 잘 하는 미드필더

⊠ 326 pilha nova

> **직역** 새로운 건전지
>
> **유래** 건전지를 새로 낀 것처럼 에너지가 충만한 선수
>
> **의미** 잘 뛰는 선수

⊠ 327 pé de boi

> **직역** 황소의 발
>
> **유래** 매일 같은 일을 황소의 발을 연상시키는 선수
>
> **의미** 잘 훈련된 선수

□ 328 **bode cego**

> **직역** 눈먼 염소
>
> **유래** 눈먼 염소처럼 제대로 움직이지 못하는 선수
>
> **의미** 공을 잘 다루지 못하는 선수

□ 329 **dentinho**

> **직역** 작은 치아
>
> **유래** 유치한 어린이 선수
>
> **의미** 축구학교에서 7세 미만의 어린이

□ 330 **minhoca**

> **직역** 지렁이
>
> **유래** 아직 성숙하진 않았으나 미래엔 크게 성장할 수 있는 선수
>
> **의미** 능력 있는 초보선수

□ 331 **cavalo**

> **직역** 말
>
> **유래** 고삐 풀린 말처럼 나대는 선수
>
> **의미** 폭력적인 선수

☒ 332 **formiga**

직역 개미

유래 개미처럼 계속 부지런하게 움직이는 선수

의미 경기 내내 수비에서 공격을 오가는 마른 선수

☒ 333 **papagaio**

직역 앵무새

유래 앵무새처럼 계속 나불대는 선수

의미 말이 많고 불평도 많은 선수

☒ 334 **homem-surpresa**

직역 놀라게 하는 사람

유래 공격할 때 어디선가 갑자기 나타나 공격수를 놀라게 하는 수비수

의미 수비수

☒ 335 **mascarado**

직역 가면 쓴

유래 자신의 실력을 가면 속에 감추고 있는 선수

의미 실력을 뽐내는 선수

⊠ 336　**bagrinho**

> **직역**　작은 물고기
>
> **유래**　아무도 관심을 가지지 않는 존재의 선수
>
> **의미**　경험이 없는 초보 선수

⊠ 337　**panelão**

> **직역**　큰 냄비
>
> **유래**　남은 건 뭐든 다 먹어치우는 선수
>
> **의미**　많이 먹는 선수

⊠ 338　**jamanta**

> **직역**　트럭
>
> **유래**　트럭처럼 크기만 했지 별 쓸모가 없는 선수
>
> **의미**　몸만 크고 기술이 없는 선수

⊠ 339　**leão de treino**

> **직역**　훈련의 사자
>
> **유래**　훈련할 때만 사자처럼 무서운 선수
>
> **의미**　실제 경기에서는 못하는 선수

⊠ 340 **cobra**

직역 뱀

유래 뱀처럼 영리한 선수

의미 경기를 잘 이끄는 선수

⊠ 341 **chupa-sangue**

직역 흡혈귀

유래 남의 피를 빨아먹는 선수

의미 열심히 뛰지 않고 동료들의 노력만 이용하는 선수

⊠ 342 **fera**

직역 야수

유래 상대편에서 볼 때는 야수와 같은 모습으로 그려지는 선수

의미 상대편과는 친하지 않은 선수

⊠ 343 **gato**

직역 고양이

유래 날렵하게 움직이는 고양이와 같이 움직이는 선수

의미 민첩한 골키퍼

☒ 344 pipoqueiro

직역 팝콘 파는 사람

유래 팝콘이 뛰는 모습을 연상시키며 움직이는 선수

의미 위험한 태클을 피하기 위해 팔짝팔짝 뛰는 선수

☒ 345 come-dorme

직역 먹고 자고

유래 축구 클럽에서 맨날 먹고 자고 하는 선수

의미 축구클럽에 사는 선수

☒ 346 caneta

직역 펜

유래 펜처럼 곧게 뻗은 선수의 다리

의미 선수의 다리

☒ 347 coveiro

직역 무덤 파는 사람

유래 경기 후 무덤을 파고 들어가야 할 선수

의미 팀의 패배에 책임 있는 선수

⊠ 348　asa de açucareiro

직역　설탕통의 날개

유래　선수가 허리에 손을 올리고 있는 모습을 양 옆에 날개 모양이 있는 설탕통의 형태에 비유하였다.

의미　공격을 당할 때 허리에 손을 올리고 바라만 보고 있는 선수

⊠ 349　craque

직역　일등품

유래　영국인은 경마에서 가장 뛰어난 말을 crack-horse라고 지칭하는데, 이 용어를 축구에서 차용하여 팀에서 가장 훌륭한 선수를 crack이라고 불렀으며, 이 용어가 포르투갈어화 되었다.

의미　팀의 에이스

⊠ 350　perna de pau

직역　나무다리

유래　이 표현은 신문기자 Mário Filho가 1944년 7월 21일 글로부지 (O Globo)에 쓴 "슛을 하지 못했던 그 선수의 다리는 불쾌한 인상을 주었다. 관중들에게 그 다리는 나무나 다름없었다."라고 썼던 기사에 의해 축구용어가 되었다. 즉 한국어에서 말하는 '개발'이라는 표현이다. 참고로 리우데자네이루에 있는 마라카낭 경기장(Estádio do Maracanã)의 공식명칭은 이 기자의 이름을 딴 Estádio Jornalista Mário Filho이다.

의미　축구를 못하는 선수

⊠ 351 zagueiro

직역 수비수

유래 스페인어로 '뒤로 가다, 뒤에 있다'는 의미의 **zaguero**에서 유래하였다. 또한 같은 의미로 사용되는 변이형인 **zaga**는 아랍어로 사물의 뒷부분을 의미하는 **saga**에서 유래하였다.

의미 수비수

2. 경기 혹은 기술 관련용어

⊠ 352 **carne assada**

> **직역** 구워진 고기

> **유래** 열심히 고기를 구울 필요 없는, 즉 고기는 이미 구워져 있는 만큼 부담 없이 할 수 있는 경기를 표현한다.

> **의미** 친선경기

⊠ 353 **filé**

> **직역** 살코기

> **유래** 뼈가 없어 편하게 먹을 수 있는 살코기처럼 편하게 할 수 있는 경기를 음식에 비유하였다.

> **의미** 쉬운 경기

⊠ 354 **lenha**

> **직역** 장작

> **유래** 땔감으로 쓸 장작을 패는 것처럼 힘이 들고 땀 흘리게 될 경기라는 의미를 내포하고 있다.

> **의미** 어려운 경기

⊠ 355 **entregar a rapadura**

> **직역** 엿을 건네주다.

> **유래** rapadura는 주로 후식으로 먹는 달콤한 엿인데, 상대편에게 경기 후에 먹을 달콤한 후식을 갖다 바치는 상황을 묘사하고 있다.

☒ 356 tirar o pão da boca

직역 입에서 빵을 꺼내다.

유래 골이 들어가려는 순간을 입에 빵이 들어가려는 순간에 비유하였다.

의미 골을 넣으려는 순간에 공을 차내 버리다.

☒ 357 carregar piano

직역 피아노를 운반하다.

유래 무거운 피아노를 들 정도로 힘든 일을 마다하지 않는 선수의 행동을 표현한다.

의미 팀의 모든 일을 수행하다.

☒ 358 usar gravata vermelha

직역 빨간 넥타이를 매다

유래 경기 중 혓바닥을 내 놓고 헉헉거리고 있는 상태를 표현하며, 혓바닥을 내 놓은 상태를 빨간 넥타이로 묘사하였다.

의미 체력이 고갈되다.

☒ 359 placar oxo

직역 점수 0 x 0

유래 스포츠 앵커 Walter Abrahão에 의해 처음 사용된 표현으로 알려져 있는데, 두 팀이 아직 0 대 0의 스코어를 기록하고 있을 때 전광판에 쓰여 있는 0 X 0을 한 단어처럼 '오슈'라고 읽은 데서 유래하였다. 한편 placar는 프랑스어 placard(플래카드)에서 유래하였다.

의미 0 대 0

⊠ 360 **frango**

직역 닭

유래 축구공을 닭장 속에서 안 잡히려고 사람 다리 사이로 빠져나가는 닭의 모습에 빗대어 표현하였다. 가랑이 사이로 공을 빠뜨릴 때, 한국말로 '알을 깠다'라고 하는 표현과 유사하다.

의미 골키퍼가 공을 가랑이 사이로 빠뜨렸을 때의 모습

⊠ 361 **janelinha**

직역 작은 창문

유래 상대 선수가 수비할 때 다리를 벌리고 서 있는 모습을 창문의 모양에 비유하였다.

의미 공이 통과할 수 있는 다리 사이 공간

⊠ 362 **cachorrada**

직역 개떼

유래 여러 명이 한 곳으로 우르르 뛰어갈 때, 한국말로 '개떼처럼 뛰어 다닌다'라고 하는 표현과 유사하다.

의미 같은 팀의 여러 선수가 공만 쫓아 뛰어가는 모습

☒ 363 sanduíche

직역 샌드위치

유래 한 선수가 상대편 선수들에 의해 양쪽 다 포위되었을 때의 모습을 양쪽이 꽉 눌린 샌드위치 형태에 비유하였다.

의미 샌드위치 마크를 당했을 때 모습

☒ 364 chapéu

직역 모자

유래 상대 선수의 머리 위로 공을 넘기는 드리블 동작을 머리에 쓰는 모 자에 비유하였다.

의미 상대 머리 위로 공을 넘겨 다시 컨트롤 하는 기술

☒ 365 pintura

직역 그림

유래 골이 들어갔을 때 그림같이 아름답게 들어갔음을 표현한다.

의미 멋진 골

☒ 366 **bicicleta**

> **직역** 자전거

> **유래** 상대방 골대를 등진 상태에서 뛰어 올라 공중에서 슛을 하는 자세로, 슛을 하는 모습이 자전거를 거꾸로 한 자세와 닮아 붙여진 표현이다.

> **의미** **오버헤드킥**

☒ 367 **bolacha**

> **직역** 과자

> **유래** 평평하고 네모난 과자의 모습과 평평한 발 안쪽면의 모습에서 유사성을 찾은 표현이다.

> **의미** **발 안쪽으로 하는 슛**

☒ 368 **chute de letra**

> **직역** 글자의 슛

> **유래** 다리가 크로스 된 모양을 글자에 비유하였다. 한편 '슛'이란 용어는 영어의 슛(shoot)에서 유래하였다.

> **의미** **발목 뒤로 다리를 크로스 시켜 하는 슛**

☒ 369 **chaleira**

> **직역** 주전자

> **유래** 브라질에 처음으로 축구공을 가져온 찰스 밀러(Charles Miller)에 의해 최초로 사용된 기술로 사람의 이름을 따서 charles라고 불렸

다가 시간이 흐르면서 현재의 용어 chaleira로 변화하였다.

의미   다리를 뒤로 들어 접으면서 하는 힐 킥

☒ 370 **folha seca**

직역   나뭇잎

유래   1958년 월드컵예선에서 당시 Botafogo팀 선수였던 미드필더 지
지(Didi, 1928-2001)에 의해 처음 시도된 기술에서 유래되었다.
1957년 페루와의 경기에서 그는 프리킥을 차면서 희한한 각도로
공을 높이 찼는데 수비벽을 넘자마자 나뭇가지에서 나뭇잎이 떨어
지듯이 공이 빠르게 떨어지며 골을 기록하였다. 이후 프리킥 상황
에서 많은 선수들이 이렇게 뚝 떨어지는 드롭 슛을 구사하고 있다.

의미   드롭 슛

☒ 371 **gol de placa**

직역   기념비적인 골

유래   1961년 리우데자네이루의 마라카낭 경기장에서 있었던 경기에서
Santos팀은 Fluminense팀을 3대1로 이겼는데, 이때 펠레(Pelé)
는 혼자 6명을 제치고 세 번째 골을 기록하였다. 이에 한 기자가
이 완벽하고 흔치 않은 골을 기념하기 위해 동판을 제작했으면 한
다고 신문에 제안했고, 이것이 실행에 옮겨졌다. 현재에도 마라카낭
경기장에는 당시 펠레 골의 기념동판이 있다. 결국 현재까지도 정말
아름답고 환상적인 골에 이 용어를 사용하고 있다. 한편 gol이라는
용어도 영어의 goal에서 유래하여 포르투갈어화 되었다. 즉 축구의
목적은 골을 넣는 것이므로, 축구의 최종 '목적'을 뜻한다.

의미   환상적인 골

3. 공 관련용어

☒ 372 **bola venenosa**

직역 독을 가진 공

유래 독을 가진 구불구불한 뱀이 움직이는 모습을 나타낸다.

의미 **회전이 많이 걸린 공**

☒ 373 **viva São João**

직역 상 주앙 만세

유래 공이 높이 날라 가는 모습을 만세를 부르는 모습에 비유하였다.

의미 **골대 위로 강하게 찬 공**

☒ 374 **bomba**

직역 폭탄

유래 슛한 공이 날아가는 모습을 폭탄의 강력한 특징에 비유한 표현이다.

의미 **강하게 찬 공**

☒ 375 **foguete**

직역 불꽃

유래 빠르게 날라 가는 공의 모습을 우리가 불꽃 슛이라고 칭하는 경우와 같다.

의미 **강하게 찬 공**

⊠ 376 tijolo quente

직역 뜨거운 벽돌

유래 손으로 막을 수 없을 정도로 강하게 날아오는 공의 모습을 손댈 수 없을 정도로 뜨거운 벽돌에 비유하였다.

의미 강하게 찬 공

⊠ 377 bola quente

직역 뜨거운 공

유래 손댈 수 없을 정도로 빠르고 강한 공을 뜨거운 공으로 묘사하였다.

의미 강하게 찬 공

⊠ 378 bola com açúcar

직역 설탕 뿌린 공

유래 골을 넣기에 딱 좋게 패스 받은 공의 모습을 음식에 비유하여 달콤한 상태로 표현하였다.

의미 정확히 패스된 공

⊠ 379 bola ossuda

직역 뼈있는 공

유래 제조의 결함이 있는 공의 상태를 뼈가 있는 음식에 비유하였다.

의미 불량품 공

☒ 380 **melancia**

직역 수박

유래 제대로 만들어지지 않은 축구공을 축구공과 모양이 유사한 수박에 비유하였다.

의미 **불량품 공**

☒ 381 **bola podre**

직역 썩은 공

유래 경기를 할 수 없을 정도로 바람이 빠진 공의 상태를 썩어 문드러진 음식에 비유하였다.

의미 **바람이 빠진 공**

4. 경기장 관련용어

⊠ 382 galinheiro

> **직역** 닭장

> **유래** 작고 답답한 장소를 닭장에 비유하였다.

> **의미** 작고 불편한 경기장

⊠ 383 careca

> **직역** 대머리

> **유래** 잔디가 안 깔려있는 경기장의 모습을 머리털이 없는 대머리에 비유하였다.

> **의미** 잔디가 없는 맨땅의 경기장

⊠ 384 sabão

> **직역** 빨래비누

> **유래** 빨래비누의 미끄러운 성질에 근거하여 경기장 잔디가 미끄러움을 나타낸 표현이다.

> **의미** 젖어서 미끄러운 경기장의 잔디

⊠ 385 panela de pressão

> **직역** 압력냄비

> **유래** 세계에서 가장 큰 경기장이었던 마라카낭 경기장에 관중이 꽉 들어찼을 때 쓰던 표현이다.

의미 관중이 꽉 찬 경기장

⊠ 386 boate

직역 나이트클럽

유래 경기장의 조명이 나이트클럽처럼 어두컴컴한 상태에 빗대어 사용한 표현이다.

의미 조명상태가 좋지 않은 경기장

5. 팀 관련용어

☒ 387 **piquenique**

> **직역** 소풍

> **유래** 큰 팀이 작은 팀과 경기할 때는 소풍가는 기분으로 간다는 표현이다.

> **의미** **작은 팀과 경기하러 가는 큰 팀의 원정길**

☒ 388 **barba, cabelo e bigode**

> **직역** 턱수염, 헤어, 콧수염

> **유래** 미용사에 의해 행해진 종합 서비스, 즉 이발과 면도(턱수염, 콧수염)란 의미에서 유래하였다. 세 가지를 한 번에 다 한다는 점을 표현한다.

> **의미** **같은 클럽 소속의 성인 팀, 주니어 팀, 초보 팀이 같은 날 경기에서 모두 승리하였을 때 사용**

☒ 389 **máquina**

> **직역** 기계

> **유래** 팀의 경기 운영이 기계처럼 잘 맞아 돌아가는 의미의 표현이다.

> **의미** **잘 준비된 강팀**

☒ 390 **lanterna**

> **직역** 랜턴

> **유래** 여러 사람이 어두운 밤에 길을 가는 경우, 마지막 사람이 랜턴을

드는 상황에 빗대어 표현하였다.

의미 꼴찌 팀

⊠ 391 feijão com arroz

직역 밥과 콩죽

유래 밥과 콩죽은 한국의 밥과 김치에 해당하는 브라질사람들의 주식이다. 즉 팀을 특별하지 않은 평범한 음식에 비유하였다.

의미 평범한 팀

392 gandula

직역 볼 보이

유래 1939년 Vasco da Gama팀에 있었던 아르헨티나 선수 Bernardo Gandulla는 '개발'이어서 경기에 주전으로 뛰지 못했기에 항상 경기장을 벗어난 볼을 주워주며 경기장 주변에 있었다. 응원단도 그의 역할에 익숙해졌고 시간이 흐르며 볼 보이를 부르는 명칭으로 자리 잡았다.

의미 볼 보이

393 pelada

직역 대머리, 탈모

유래 고무공을 의미하는 péla에서 파생한 것으로 보고 있다. 즉 아무 공으로나 유니폼도 입지 않고 하는 축구이다.

의미 아마추어 동네 축구

394 olé

직역 이봐, 지화자

유래 1958년 Botafogo팀에서 뛰던 전설적인 선수 가힝샤(Garrincha)의 드리블을 환호하며 응원단이 사용하였고, 1960년대 펠레가 뛰던 Santos팀의 볼 터치를 찬양하며 페루 응원단이 사용하였다는 얘기도 있다. 즉 투우에서 사용하는 전형적인 이 소리를 축구에서 차용하여 이리 와서 공을 뺏어 보라는 의미로 사용한 것이다. 특히 우리 팀이 이기고 있을 때 공을 돌리는 과정에서 응원단들이 동참하여 함께 소리 지른다.

의미 상대팀이 공을 빼앗지 못하고 우리 팀 선수들이 계속 공을 터치할 때 응원단에서 함께 외쳐주는 소리

⊠ 395 **cartola**

직역 비단모자

유래 예전에 축구는 귀족 스포츠였다. 선수들의 유니폼은 넥타이까지 있었고, 몇몇 지도자들은 비단모자(cartola)를 착용했었다. 하지만 시간이 지나면서 자신의 이익을 챙기는 비리 지도자들을 일컫는 멸시적인 의미의 용어로 바뀌었다.

의미 비리 지도자

⊠ 396 **pó de arroz**

직역 쌀가루

유래 1916년 Fluminense팀에는 Carlos Alberto라는 혼혈 선수가 있었다. 당시에는 백인 선수들만이 응원단에 의해 받아들여지던 시기였기에, 그는 경기장에 들어가기 전에 얼굴에 쌀가루(pó de arroz)를 많이 바르고 백인인 척 하려고 했다. 하지만 땡볕 아래 경기를 하다 보니 쌀가루는 녹아내리기 시작하고 응원단에서는 '쌀가루, 쌀가루'라고 외쳤다고 한다.

의미 Fluminense팀의 별명

지금까지 우리는 브라질에서 사용되는 축구용어를 각각의 카테고리로 구분하여 정리해 보았다. 살펴본 바, 대다수 브라질 축구용어의 가장 큰 특징은 비유에 있었다. 또한 특징적인 모습이나 상태를 묘사하거나 역사적 사건에서 기인하여 형성된 용어도 확인할 수 있었다.

7. 브라질과 포르투갈 축구용어의 차이

한편 포르투갈어를 사용하는 국가라 하더라도 사용하는 용어가 다른 점을 발견할 수 있다. 어휘 면에서 볼 때 브라질 포르투갈어는 유럽 포르투갈어와 다른 부분이 많이 있다. 축구용어에서도 서로 다른 형태가 상당히 관찰된다.

브라질과 포르투갈 축구용어의 차이

의미	브라질 축구용어	포르투갈 축구용어
친선경기	amistoso	particular / amigado
생방송	ao vivo	en directo
관람석	arquibancada	bancada
만석	arquibancadas cheias	bancadas compostas
공격수	atacante	avançado
선심	bandeirinha	fiscal de linha
오프사이드	impedimento / banheira	o fora-de-jogo
매표소	bilheteria	bilheteira
공	bola	esférico
헤딩	cabeçada	cabeceamento
유니폼상의	camisa	camisola
왼발잡이	canhoto	esquerdinho
발리슛	chute de voleio	remate à meia volta
전지훈련	concentração	local de reclusão da equipa
소집	convocação	convocatória
예선전	eliminatória	puramento

153

인터뷰	entrevista	conferência de imprensa
팀	equipe	equipa
코너킥	escanteio	pontapé de canto
경기장	estádio	sítio
골	gol	golo
골키퍼	goleiro	guarda-redes
잔디	gramado	relvado
핵심선수	jogador fundamental para o time	elemento nuclear
쉬운 경기	jogo fácil	pera doce
상대선수 다리사이로 공 빼기	passar a bola entre as pernas do adversário	Que grande cueca!
준결승	semifinal	meia final
골킥	tiro de meta	pontapé de baliza
응원자	torcedores	adeptos / massa adepta
응원단	torcida	claque
크로스바	travessão	barra de baliza
코치	treinador	selecionador
야유	vaia	assobiadela
라커룸	vestiário	balneário
수비형 미드필더	volante	distribuidor

위의 예들을 관찰해 보면 가장 기본적인 용어라 할 수 있는 '골'조차도 브라질에서는 gol, 포르투갈에서는 golo라는 각기 다른 용어를 사용하고 있다. 선수들을 부르는 용어조차도 매우 다르다. 공격수를 브라질에서는 atacante라고 하는 반면 포르투갈에서는 avançado라고 한다. 브라질에서 골키퍼는 goleiro인 반면 포르투갈에서는 guarda-redes, 브라질에서 수비형 미드필더를 volante라고 하는 반면 포르투갈에서는 distribuidor라고 한다. 비유대상도 다른 면모를 보인다. 쉬운 경기를 브라질에서는 filé(살코기)라고 했었는데 포르투갈에서는 pera doce(달콤한 배)에 비유하고 있다. 상대선수 다리 사이로 공이 빠지는 모습도 포르투갈에서는 Que grande cueca!(엄청 큰 팬티)라는 표현을 사용한 점도 눈에 띈다. 브라질 기준으로 봤을 때, 선수들은 camisa(셔츠)를 입고 경기하지만 포르투갈 용어를 보면 camisola(잠옷)을 입고 경기하는 셈이 된다.

이렇듯 용어가 상이한 이유로 인해 한 쪽의 축구용어에 익숙한 사람이 다른 쪽 국가의 축구 중계를 듣는다면 이해하기 어려운 부분에 직면할 수 있으므로, 이 역시 학습이 필요한 부분이다.

마지막으로 브라질의 지명 형성과정을 보면 당시 브라질의 역사적인 배경과 언어의 유래에 대하여 관찰할 수 있다. 이와 관련하여 브라질 주의 명칭에 기원이 된 내용을 지역별로 구분하여 제시하고, 각 지역사람들을 일컫는 명칭의 유래에 대하여도 살펴본다. 마지막으로 지명에 영향을 많이 준 인디오어 기원의 지명에 대하여 좀더 알아본다.

1. 북부의 주

Amazonas

1541년 스페인 탐험가인 Francisco de Orellana에 의해 아마존 강 하구의 원주민 여인들을 지칭한 데서 유래하였다. 이들은 활을 더 잘 쏘기 위해 오른쪽 가슴을 잘랐던 전설적인 여전사들로, a는 '없다', mazó는 '가슴'을 의미하는 그리스어로 '가슴이 없는 사람'을 뜻하는 말이다. Amazonas는 이후 강의 이름, 지역의 이름, 결국엔 주의 이름으로 널리 불리게 되었다.

Tocantins

Tocantins 강의 하구에 모여 살았던 인디오 부족들을 언급한다. '투칸(tucano)의 부리'라는 의미의 뚜삐어 tucan-tin에서 유래하였다.

Roraima

인디오어 rorô-yma에서 유래하였다. 그 의미는 '앵무새들의 산'이라는 설과 '녹색의 산'이라는 설이 존재한다.

Amapá

카리브 인디오 부족의 말에서 유래되었다. 원래는 유백색 수액을 추출하던 나무를 칭하기 위해 사용되던 용어였다.

Acre

apurinã 인디오들이 사용하던 방언 Uakiry를 철자화하기 위해 지역탐험가에 의해 사용된 형태인 Aquiri에서 파생하였다. 1878년 식민개척자들이 Pará의 상인들에게 상품을 Aquiri강의 입구로 가져오라고 요청하는 편지를 쓰면서 사용되었다. 하지만 상인들과 하인들이 장소의 이름에 서 있는 것을 제대로 이해하지 못하고 Aquiri 대신 Acre로 사용하면서 후에 주의 이름이 되었다.

Pará

뚜삐어로 pará는 '수량이 풍부한 바다 혹은 강'을 의미한다. 예전에는 Tocantins강과 Amazonas강이 만나는 구간을 지칭했었다가 이후 주의 이름이 되었다.

Rondônia

이 지역의 탐험가 육군원수 Cândido Rondon에 대한 경의를 표하기 위한 이름이다.

2. 북동부의 주

Maranhão

'급류'를 뜻하는 인디오어 nheengatu 방언인 mara-nhã에서 유래하였다. 한편 mara-nhã는 '흐르는 강'을 뜻하는 뚜삐어 mbarã-nhana 혹은 pará-nhana에서 유래되었다고 전해진다. 1621년 이 강의 이름이 비로소 주의 이름이 되었다.

Pernambuco

'바다'를 뜻하는 뚜삐어 para´nã와 '구멍 나다'의 의미 pu´ka에서 유래하였다. Tamaracá 섬 근처의 짠 물이 통과하는 곳에 구멍 난 돌을 지칭하는 말이다.

Ceará

'황금 앵무새의 노래'라는 의미의 인디오어 표현 ciará에서 유래하였다는 설도 있으나, 다수의 학자들은 까리리(cariri) 부족의 언어로부터 ceará라는 용어가 유래하였다고 주장한다. '높은 계급의 사람'을 뜻하는 ce와 '남자, 남성적인'이라는 의미를 가진 ará가 결합되어 만들어졌다.

Sergipe

'게들의 강에서'라는 의미의 뚜삐어 si´ri-´y-pe에서 유래하였다. si´ri는 '게', y는 '강, 물', pe는 후치사로 '~에서, ~로'의 의미이다.

Bahia

16세기 초, 이탈리아 탐험가 아메리고 베스푸치(Amerigo vespucci, 포르투갈어로 Américo Vespucio)는 9월 1일 모든 성인(Todos dos Santos)의 날에 어떤 만(baía)을 발견했다는 서한을 포르투갈에 보낸다. 이러한 이유로 인해, 여기에 언급된 만 (baía)이 Bahia de Todos os Santos라는 명칭을 얻는다. 시간이 지나며 이 명칭은 주의 이름으로 확장되어 사용되고, 그 이후 Bahia라는 축소된 형태로 변화하였다.

Alagoas

alagoa는 '호수'란 뜻이다. 실제로 이 주엔 호수들이 많기 때문에 주의 이름으로 결정되었다.

Paraíba

paraíba는 뚜삐어 pa´ra(강이나 바다) + aíba (나쁜)의 기원으로, '물고기가 거의 없는 강'의 의미이다. 강의 이름이 주의 이름으로까지 확장하였다.

Piauí

뚜삐어 pi´awa´y 혹은 단순히 piaba´y에서 유래하였다. pi´awa(담수어) + ´y(강)의 의미로 '담수어의 강'으로 불린다. 처음엔 강의 이름으로 불리다가 주의 이름으로까지 확장하였다.

Rio Grande do Norte

Rio Grande강에서 유래하였으나 이 강은 여기에 흐르지 않는다.

3. 중서부의 주

Goiás

이 지역에 거주하던 옛 인디오 부족의 이름 guaiá로부터 유래하였다.

Mato Grosso

이 지역에서 '울창한 숲'을 만난 탐험가들에 의해 그 의미 그대로 붙여진 명칭이다.

Mato Grosso do Sul

1977년 Mato Grosso에서 분리되었다. 원래 명칭을 유지하면서, '남부의'라는 의미의 do Sul을 첨가하여 완성된 명칭이다.

4. 남동부의 주

São Paulo

이 지역의 고원지대에 São Paulo de Piratininga 라는 이름의 첫 마을이 건설된 날, 즉 상파울루의 날(Dia de São Paulo)에서 유래되었다. 이 명칭이 추후 주의 명칭으로 변화되었다.

Rio de Janeiro

리우에 있는 과나바라만(Baía de Guanabara)이 1502년 1월 1일, 탐험가들에 의해 발견되었다. 과나바라만을 보고 그들은 어떤 강의 하구 앞에 있다고 생각했기 때문에, '1월의 강'이란 의미의 Rio de Janeiro라는 이름을 붙이게 되었다.

Minas Gerais

엄청난 양의 금과 철광석을 가진 광산이 이 지역에서 발견되었기에 생긴 이름이다.

Espírito Santo

1535년 5월에 이 지역의 첫 마을이었던 현 도시 Vila Velha가 성령(Espírito Santo)의 일요일에 건설된 사실에 의하여 이름이 지어졌고, 이후 주의 이름을 칭하게 되었다.

5. 남부의 주

Paraná

'바다의 친척' 혹은 '바다와 유사한'의 의미를 가진 뚜삐어 para´nã에서 유래하였다. 현존하는 Paraná강의 이름이 주의 이름으로까지 확장되어 사용되었다.

Santa Catarina

이 지역의 첫 번째 식민 개척자 Francisco Dias Velho에 건설된 Santa Catarina 교회로부터 유래하였다.

Rio Grande do Sul

이 지역 최남단에 있는 호수(Lagoa dos Patos)와 대서양을 연결하는 운하의 이름으로부터 유래하였다.

6. 각 지역 주민의 명칭

☒ 397 **paulista / paulistano**

유래 상파울루주에서 태어난 사람은 paulista, 그 중 상파울루시에서 태어난 사람은 paulistano라고 한다. 이렇듯 모든 paulistano는 paulista지만, 모든 paulista가 paulistano는 아니다.

의미 São Paulo주 사람 / São Paulo시 사람

☒ 398 **fluminense / carioca**

유래 리우데자네이루주에서 태어난 사람은 fluminense, 그 중 리우데자네이루시에서 태어난 사람은 carioca라고 한다. carioca는 뚜삐어 kariió(과라니족) + oka(집)에서 유래하였다. 리우시가 건설되었을 때, 인디오들은 이곳을 '과라니의 집'이라고 부르면서 이름이 고착되었다. 18세기에 이 용어는 이 도시에서 태어난 사람뿐만 아니라 이 도시에 거주하는 사람을 지칭하게 되었다.

의미 Rio de Janeiro주 사람 / Rio de Janeiro시 사람

☒ 399 **capixaba**

유래 '경작지'를 의미하는 뚜삐어 kopisaba에서 유래하였다. 이 주의 광활한 농지 덕분에 지역뿐만 아니라 사는 사람까지도 이러한 인디오들의 명칭으로 불리게 되었다.

의미 Espírito Santo주 사람

☒ 400 **gaúcho**

유래 guacho와 동의어로 보며, 포르투갈(혹은 스페인) 남자와 인디오

여자의 자식으로 '고아'라는 의미를 가지고 있다. 처음에 gaúcho는 가축 도둑을 지칭하며 멸시적인 의미로 사용되었다. 그리고 스페인인 마을에서 도망쳐 가축들을 돌보거나, 말을 타며 목장을 돌아다니는 목동의 의미로도 사용되었다. 18세기에 브라질의 gaúcho는 매우 중요한 일을 했다. 국경을 점령했고 포르투갈인들의 지지를 얻었다. gaúcho란 어휘는 재인식되어 멸시적인 의미는 사라지고 국토에 대한 사랑과 용기를 찬탄하는 의미를 갖게 되었다.

의미 Rio Grande do Sul주 사람

⊠ 401 **barriga-verde**

유래 Santa Catarina 섬을 지키기 위해 포르투갈 정부는 네 개의 요새를 세웠다. Silva Pais 장군에 의해 지휘된 소총부대는 녹색 조끼를 입었기에 많은 주의를 끌었다. 그래서 이 지역 주민들은 군인들에게 barriga-verde(녹색 배)라는 이름의 별명을 지어주었다. 최근에는 이 곳 주민들이 마떼차를 하도 마셔서 barriga-verde(녹색 배)를 가졌을 거라는 다른 버전의 설명도 등장했다.

의미 Santa Catarina주 사람

⊠ 402 **potiguar**

유래 '새우를 먹는 사람'을 의미하는 뚜삐어 poti'war에서 유래하였다. 이 주의 해안가에는 해물이 풍부했기 때문에 이 지역사람들을 이렇게 지칭했다.

의미 Rio Grande do Norte주 사람

⊠ 403 soteropolitano

유래 '구원자' salvador를 뜻하는 그리스어 soter와 '도시'를 뜻하는
polis가 결합되어 '구원자의 도시'라는 의미의 soterópolis라는 어
휘가 형성되었다. soteropolitano는 이 도시에 사는 사람이란 의미
로 만들어진 명칭이다.

의미 Salvador시 사람

⊠ 404 manauense

유래 현재 Amazonas 주의 주도인 이 지역은 예전에 manaós 부족의
거주지였다. 그래서 이 지역 사람을 manauara라고 부르다 이후
manauense가 되었다.

의미 Manaus시 사람

7. 기타 인디오어 기원의 지명

☒ 405 **Ibirapuera**

> **유래** ybyrá(나무) + pûera(과거시제)
>
> **의미** 오래된 나무

☒ 406 **Ipiranga**

> **유래** ´y(강) + pyrang(빨강)
>
> **의미** 빨간 강

☒ 407 **Araraquara**

> **유래** arara(앵무새) + kûara(굴)
>
> **의미** 앵무새의 굴

☒ 408 **Guaratinguetá**

> **유래** gûyrá-tinga(백로) + etá(많은)
>
> **의미** 많은 백로

☒ 409 **Paquetá**

> **유래** paka(파카) + etá(많은)
>
> **의미** 많은 파카(라틴아메리카산 토끼만한 동물)

☒ 410　**Tatuapé**

　　유래　tatu(아르마딜로) + apé(길)

　　의미　아르마딜로의 길

☒ 411　**Tatuí**

　　유래　tatu(아르마딜로) + ´y(강)

　　의미　아르마딜로의 강

☒ 412　**Taubaté**

　　유래　taba(마을) + ybaté(높은)

　　의미　높은 마을

언어 형성과정에서 나타난 어휘들의 유래와 변이과정에 대하여 관찰하여 브라질 사회의 역동성이 어휘, 표현, 지명의 의미에 미친 영향에 대하여 조명하고, 브라질 포르투갈어의 언어 형성 과정을 통·공시적으로 관찰하였다. 즉 브라질 지역의 사회와 언어 간의 관계를 살펴봄으로써 브라질 사회와 포르투갈어를 더욱 폭넓게 이해할 수 있는 또 하나의 장을 만들었다. 이를 통해 국내의 브라질 전문 인력에게는 어휘적 측면에서 브라질을 개괄적으로 이해할 수 있도록 하고, 언어를 통하여 브라질 지역에 좀 더 쉽고 친숙하게 접근할 수 있는 하나의 연구 결과물을 제시하였으며, 이와 함께 또 다른 유사 분야의 후속연구도 활성화될 것으로 기대된다.

실제로 브라질에서 각 언어의 영향을 받아 형성된 언어들은 결국 하나로 수용되어 점진적인 변화과정을 통해 공존해 나간다. 브라질 포르투갈어의 어휘적 측면에서의 다양성은 역사적인 과정과 사회의 다양성을 반영하고 있다. 다시 말해 브라질 지역의 역동성과 다양성은 언어적으로 매우 잘 표출되고 있다.

•• 참고문헌

김한철(2007). "포어의 변이와 브라질 사회의 다양성", 『중남미연구』, 25권 2호, 3-28.

Barbosa, L.(1992). *O jeitinho brasieiro,* Rio de Janeiro: Campus.

Bosi, Alfredo(1987). *Cultura brasileira: temas e situações,* São Paulo: Ática.

Buarque, H.(2006). *Raízes do Brasil,* Edição Comemorativa 70 anos. São Paulo: Companhia das Letras.

Callou, Dinah(2000). "A variação no português do Brasil: o uso do artigo definido diante de antropônimos", *Série Conferências,* vol. 9, Rio de Janeiro: UFRJ, 5-31.

Castilho, Ataliba(1992). "O português do Brasil", in: Rodolfo Ilari, *Lingüística Românica,* São Paulo: Ática, 237-285.

Cunha, Celso & Cintra, Luís. F. Lindley(2001). *Nova gramática do português contemporâneo,* 3. ed, Rio de Janeiro: Nova Fronteira.

Duarte, Marcelo(1999). *O guia dos curiosos: Brasil,* São Paulo: Cia. das Letras.

_____ (2003). *O guia dos curiosos: língua portuguesa,* São Paulo: Editora Panda.

Fusaro, Karin(2001). *Gírias de todas as tribos,* São Paulo: Panda.

Guy, Gregory R.(1989). "On the nature and origins of popular Brazilian Portuguese", *Estudios sobre español de América y lingüística afroamericana*, Bogotá: Instituto Caro y Ciervo, 227-245.

Prata Mario(1996). *Mas será o Benedito?* São Paulo: Globo.

Rodrigues, Aryon D.(1986). *Línguas brasileiras: para o conhecimento das línguas indígenas*, São Paulo: Loyola.

_____ (1993). "Línguas indígenas: 500 anos de descobertas e perdas", *DELTA*, vol. 9, no. 1, 83-103.

_____ (1996). "As línguas gerais sul-- mericanas", *Papia*, vol. 4, no. 2, 6-18.

Teyssier, Paul(1997). *História da língua portuguesa*, São Paulo: Martins Fontes.

저자 김한철

한국외대 포르투갈어과 졸업. 한국외대 대학원 석사
브라질 히우그란지두술 연방대학교(UFRGS) 언어학박사

주요경력
- 한국외국어대학교 국제사회교육원 포르투갈어 책임교수
- 한국외대 및 서울대에서 포르투갈어 강의
- EBS FM 〈입에서 톡 브라질어〉 강사
- 해커스 인강 〈왕초보, 중급, 고급 포르투갈어〉 강사
- 한국 포르투갈-브라질학회 총무이사
- 한국 포르투갈-브라질학회 〈포르투갈-브라질연구〉 편집위원
- 서울대 라틴아메리카연구소 웹진 〈트랜스라틴〉 편집위원

1판 1쇄 2019년 7월 5일
발행인 김인숙   발행처 (주)동인랑
Designer Illustration 김소아
Printing 삼덕정판사

139-240
서울시 노원구 공릉동 653-5   대표전화 02-967-0700
                                         팩시밀리 02-967-1555
                                         출판등록 6-0406호
                                         ISBN 978-89-7582-585-9

동인랑 에서는 참신한 외국어 원고를 모집합니다. e-mail : webmaster@donginrang.co.kr